이, 끌림에
이끌림

이, 끌림에 이끌림

초판 1쇄 인쇄 _ 2021년 1월 5일
초판 1쇄 인쇄 _ 2021년 1월 10일

지은이 _ 김규나

펴낸곳 _ 바이북스
펴낸이 _ 윤옥초
책임 편집 _ 김태윤
책임 디자인 _ 이민영

ISBN _ 979-11-5877-220-8 03190

등록 _ 2005. 7. 12 | 제 313-2005-000148호

서울시 영등포구 선유로49길 23 아이에스비즈타워2차 1005호
편집 02)333-0812 | **마케팅** 02)333-9918 | **팩스** 02)333-9960
이메일 postmaster@bybooks.co.kr
홈페이지 www.bybooks.co.kr

당신을 새로운 미래로 이끄는
끌어당김의 법칙

이, 끌림에
이끌림

김규나 지음

바이북스
ByBooks

나의 서투름과 미숙함으로
상처를 받은 당신이
어디에 있더라도 행복하기를.

늘 그렇듯, 매 순간 반짝이기를.

차례

chapter 1

새로운 세상을 향해 문을 열기

chapter 3

변화를 위해 오른쪽발 내딛기-낡은 습관 벗어내기

내가 바뀌면, 다른 세상이 시작된다

새로운
세상을 향해
문을 열기

내가 적어온 인생
시나리오대로 된 나의 지금 현실

나의 페르소나, 바다새.K

여기, 자신에게 가혹한 태도로 일관하며 살아온 K가 있다. K는 언젠가 혼자 떠난 바닷가에서 수십 마리의 하얀 새 무리를 보게 된다. K의 시선은 단 한 마리의 새에게 꽂힌다. 옹기종기 모여서 날개를 접고 휴식을 취하는 와중에 그 새만이 홀로 떨어져 있다. 혼자 멀찌감치 떨어져서 바다를 향해 서 있다. K는 무리에서 버림을 받은 것인지 궁금했다. 혹은 스스로가 무리에서 이탈한 것인지 모를 그 새를 보며 쓸쓸함을 느낀다. 그리고 그날 이후로 자기 자신을 '바다새'라고 이름을 붙인다. 어딘지 모르게 세상이 자신을 버린 것 같은 기분을 공유하고 있다고 K는 생각했다.

감정 자체는 소중하다. K는 쓸쓸함이라는 감정을 느낀 후 놓아버릴 수도 있었지만 다른 선택을 한다. 그 쓸쓸함의 씨앗을 마음에 심는다. 그리고 꾸준하게 물과 애정을 준다. 쓸쓸함이라는 식물이 뿌리가 깊게 내리도록 키우기 시작하는 것이다. 쓸쓸함의 씨앗이 자라날

수록 인생길이 점차 뚜렷해지기 시작한다. K는 매일 그 흐릿한 인생길을 선명하게 갈고 닦는다. 자신의 손으로 자신의 인생을 외롭게 만드는 것을 선택한다. "세상은 나를 미워해.", "세상은 나의 존재를 싫어해.", "세상은 나를 원하지 않고 한심하게 봐."라는 생각을 반복하고, 반복한다. 그 인생관이 K의 잠재의식에 주입되고 각인된다.

K의 인생에서 선택은 계속될 것이다. 세상은 우리에게 너그러우므로 불행의 길에서 빠져나가길 원한다면 빠져나갈 수 있다. 고독의 씨앗이 뿌리내리지 못하게 파헤칠 수도 있다. 그러나 K는 자기 자신에게 너그러운 태도가 익숙하지 않으므로 더욱더 자신을 몰아붙인다. 과거를 후회하고, 자신에게 못된 말을 퍼부으며, 다른 사람들과 자기 자신을 비교한다. 콩 심은 곳에 콩이 나고, 팥 심은 곳에 팥이 난다. 내가 심은 감정의 씨앗은 반드시 현실로 나타난다. 자신을 혐오하고, 인생을 미워하는데 일이 잘 풀릴 수 없다. 사는 게 즐거울 수도 기쁨이 가득할 수도 없다.

K는 점점 더 자신을 미워한다. 자기 자신에게 부정당하는 아이러니 속에서 K의 잠재의식은 점점 더 메말라가고 쪼그라든다. 일이 잘 풀리지 않거나 사랑하는 사람이 떠나면 반복해서 생각한다. "이것 봐, 세상은 나를 미워해.""이것 봐. 세상이 나에게 또 벌을 주고 있어." 아프고 배신당해도 이렇게 말한다. "이것 봐, 세상은 나의 존재를 거부해." 세상을 지옥으로 보기 시작한다. K의 잠재의식에 뚜렷한 각인이 찍힌다. '사는 것은 지옥이다'라는 각인. 이제 K의 잠재의식은 그 각인에 따라 인생의 시나리오를 새로 쓰기 시작한다. 시나리오

의 이름은 〈살아가는 것은 끔찍해〉이다.

우리가 쓰는 인생의 시나리오

우리는 인생이라는 영화 속에서 살고 있다. 다른 사람과 중복되는 인생은 없다. 우리들의 인생 이야기는 모두가 한정판이다. 그 귀한 한정판 이야기를 작성하는 것은 우리만의 고유권한이다. 그 누구도 우리들의 이야기를 대신 써줄 수 없다. 인생의 시나리오를 쓰는 것은 우리들의 몫이다. 자, K가 자신의 인생 시나리오를 적어 내려가기 위해 펜을 들었다. 〈살아가는 것은 끔찍해〉라는 자신의 인생의 시나리오를 바꿀 생각조차 하지 않고, 바꿀 수 없다고 확신하며 적어가기 시작한다.

K는 틈만 나면 말한다. 다시 태어나고 싶다. 그래서 인생을 다시 시작하고 싶다. 자신의 모습도 지금 인생도 지긋지긋하다고 말한다. 외롭고 힘들고 지친다고 말한다. 행복해지고 싶다고 말한다. 그러나 행복해질 수 없다고 말한다. 절대로 〈살아가는 것은 끔찍해〉라는 인생 시나리오를 바꿀 생각은 절대 하지 못한다. 자꾸만 자신의 고독, 절망, 슬픔, 우울, 무기력을 반복해서 잠재의식에 각인할 뿐이다. 그러면서 왜 자신의 인생이 점점 더 힘들어지는지 자문한다. 왜 세상이 자신만을 미워하는지 괴로워한다. 피해의식만 점점 더 강하게 커진다.

우리는 행복해지길 원하고, 다양한 감정과 경험을 누리며 즐겁게 살길 원한다. 그렇다면 간단하다. 시나리오를 다시 쓰면 된다. 내 역할을 원하는 방식으로 바꾸고, 인생의 영화가 다시금 새롭게 상영되게 만들면 된다. 그러나 우리는 비극과 슬픔, 배신과 공포로 채워진 영화를 상영한다. 그걸 반복한다. 직접 그런 영화를 만들어놓고, 자신이 불행하다고 절망하는 것이다. 지난 내 인생의 영화는 내가 쓴 시나리오대로 착실하게 재생해주었다. 지금 현실이라는 이 영화는 내가 만들어낸 것이다. 내가 한 짓이다. 지난 내 생각과 감정이 만들었고, 내 느낌이 만들었다.

이제 인생 시나리오를 바꿔보자

K는 무리에서 떨어져 홀로 있는 바다새의 고독을 보며 자기와 같다고 생각했다. 자신의 삶이 외롭다고 생각했고, 그 외로움을 느끼면서, 감정에 더욱 힘을 실어 주었다. 우울하게 생각하고, 우울한 감정을 느끼는데 다른 현실을 바라는 것은 어불성설이다. 콩을 심어놓고, 보리수나무가 자라나길 바라는 것과 같다. K는 고독을 중심으로 〈살아가는 것은 끔찍해〉라는 인생의 시나리오를 적어 내려갔다. 소용돌이처럼 그 시나리오를 중심으로 인생이 거칠게 휘몰아쳐진다. 좋지 않은 일들과 날 괴롭히는 사람들이 주변으로 휩쓸려 온다. 소용돌이 주변으로 그런 일들을 끌어들인 것은 나 자신이다. 내 현실은 나의 책임이다.

과연 K는 다른 선택을 할 기회가 없었을까? 홀로 있는 바다새를 보며, 그 새가 고고하다고 생각할 수는 없었을까. 수평선을 바라보는 모습에 큰 꿈을 꾸고 있다고 상상하며 감동했다면 어떨까. 무리에서 소외되었더라도 다른 길로 나아가보자고 스스로에게 용기를 주었으면 어땠을까? 과연 그때도 인생에 대한 관점이 어둡고, 자기 자신을 가혹하게 비난했을까? 자책하고 반성하라고 던지는 말이 아니다. 우리가 정말로 원하는 것이 '사랑'과 '기쁨'이라는 사실을 인정하자는 말이다. 조금만 단순해져보자고 한 말이다.

우리는 단순해져야만 한다. K를 아낀 주변 사람들이 한 조언은 "단순하게 생각해"였다. 그 조언을 받아들일 때가 왔다. 삶은 우리에게 너그럽다고 했다. 너그러운 우리네 삶은 변화의 기회를 원하기만 한다면 언제든지 제공해준다. 지금이 그 기회를 받아들일 순간이다. 변화의 시간이 왔다. 우리의 삶을 바꿀 때이다. 어떻게 살아왔는지는 중요하지 않다. 우리가 인생이라는 영화 안에서 궁극적으로 원하는 것이 무엇인지에만 집중해보는 것이다. 우리는 즐거움과 사랑으로 살아가는 것을 원한다. 그런 사랑의 순간들을 자주 만나는 시간을 원하는 것이다. 〈살아가는 것은 끔찍해〉의 시나리오를 덮고, 다른 이야기를 써내려가는 것이다.

지금까지 내가 어떻게 살아왔는지 상관없이 기꺼이 나를 용서해야만 한다. 우리는 우리의 선택권을 몰랐다. 인생의 시나리오를 내가 원하는 방식으로 언제든지 적어가도 되는지 몰랐다.

아무것도 몰랐던 나를 용서해야만 한다. 서툴고 어리숙했던 자신을 너그럽게 바라봐줘야 한다. 우리는 배울 기회가 없었다. 그 누구도 인생이 단순할 것이라고 말해주지 않았다. 오히려 복잡하고 힘들

것이라고 말해주었다. 그들이 힘들게 살아왔기 때문이다. 쉽게 살아온 이에게 물었다면 전혀 다른 이야기를 해주었을 것이다. 우리가 아무것도 몰랐다는 것을 받아들여야 한다.

노트를 펼쳐보자, 그 위에 내가 원하는 것이 어떤 것인지 적어보자. 원하는 삶이 어떤 것인지 적어보자. 내가 원하는 내 모습이 어떻고, 그 모습으로 어떻게 살아가고 싶은지 적어보는 거다. 진짜로 내가 원하는 것을 찾아내는 것이 가장 중요한 부분이다. 통상적으로 살아오면서 주입된 '원하는 것'이 아니다. 내가 진정으로 바라고 원하는 것을 찾아야 한다. 스스로에게 솔직해져보자. '속물적이라고 여겨져도 괜찮다'라고 다정하게 말하면서 바라는 것들을 적어보자. 현실주의자라고 불리는 사람들이 비웃더라도 신경 쓰지 말고 적어보자. 어차피 그 사람들이 당신의 인생을 책임져주는 것도 아니지 않은가.
진짜 종이로 된 노트와 펜을 준비하고, K는 자기 자신과 마주하는 용기를 냈다. 나와의 대화를 원하면, 나 자신은 언제든 모습을 드러내 준다는 걸 기억하자. K는 우울해지지 않은 것이었다. '우울해지지 않는 것'보다는 '행복해지는 것'이 자신이 바라는 것에 더 가까웠다. '어떻게 해야 행복해질 수 있는가'에 대해서 적어 내려갔다. 세상이 무서워서 집으로 숨어버린 은둔생활을 접고, 세상 밖으로 나가는 것이었다. 다른 사람들 틈에서 평범하게 살아가며, 소소한 일상을 살아가는 것. 지하철을 타고, 출 · 퇴근을 하는 것. 친구들과 퇴근 후 술 한잔을 하면서, 힘든 일을 나누는 그런 일상을 원했다. 홀로 방 안에서 숨어버린 삶에서 벗어나고 싶었다.

K는 지금 노트에 적었던 그 삶을 살아가고 있다. K의 인생 시나리오는 과거에는 상상도 하지 못할 정도로 다르게 펼쳐지고 있다. 자, 자신의 인생을 바꾸기 위해 노트와 펜을 준비하여, 조용히 책상에 앉아보자. 그리고 스스로에게 '네가 정말로 원하는 게 뭐야?'라고 질문해보자.

노트를 펼치고, 펜을 들 용기를 자신에게 허락해주자.

새로운 세계관,
세상은 나를 몹시도 예뻐해

끌어당김의 법칙에 주목하라

"부처의 눈에는 부처만 보이고, 돼지의 눈에는 돼지만 보인다."라는 말이 갑자기 스쳤다. K는 노트 맨 앞에 〈바다새.K〉라 적었다. 자신은 비관주의자고, 세상을 암울하게 치우쳐 보고 있음을 인정했다. 세상을 돼지의 눈으로 보고 있었던 것을 받아들였다. K가 보았던 바다새는 무리의 우두머리여서 주변을 감시하고 있는 것일 수도 있었다. 혹은 아무 생각 없이 그 자리가 편안해서 있었던 것이었을 수도 있다. 바다새에게 '고독한 자'라는 캐릭터를 부여한 것은 K였다. K에게는 부처의 눈으로 세상을 보는 것이 필요했다. 적어도 일생의 한 번쯤은 그런 눈으로 살아보고 싶었다. 이제는 세상을 한쪽으로만 치우친 시선으로 보고 싶지 않았다.

바다새.K가 원하는 것은 한 문장으로 적을 수 있었다. "지금까지와는 다른 나로 살고 싶다"라는 것. 결국, 인생을 살아가는 것은 나 자신이다. 인생을 변화시키고 싶다는 것은 나를 근본적으로 변화시켜야만 가능한 일이다. 그러나 어떻게? 어떻게 해야 새로운 나를 만나는 것일까. 바다새.K는 방법을 몰랐다. 무엇인가 잡힐 듯 말 듯 한 답답한 나날만 이어졌고, 노트는 공백이 이어지고 있었다. 항상 기억해야 할 사실이 있다. 세상은 우리에게 한없이 너그럽다는 점이다. 변화를 간절히 바란다면 분명히 어떤 식으로든 힌트를 준다는 사실 말이다. 바다새.K에게 다가온 힌트도 그렇게 다가왔다. 그녀의 친구가 보내준 책 선물에서부터였다.

나폴레온 힐의 《놓치지 않고 싶은 나의 꿈, 나의 인생》은 그렇게 우연히 읽혔다. 무뎌진 감각이 살아나는 것 같았다. 그것을 시작으로 바다새.K는 그런 부류의 책들을 읽어 나갔다. 사방이 암흑인 곳에서 저 멀리 작은 불빛이 보이는 기분이었다. 멈춰서 가만히 서 있으면 아무 일도 생기지 않는다. 너그러운 세상이 손을 내밀어도 멀뚱멀뚱 바라보고 있으면 변화는 이뤄지지 않는다.

바다새.K는 용기를 내서 그 불빛에 다가갔다. 너그러운 세상이 그에게 미소지으며 말을 걸어 주었다. 그들의 공통된 메시지를 노트에 적어 나갔다. 결국에는 모두 같은 말을 하고 있었다.

모든 일은 내가 끌어들인 것이다. 모든 것이 내 생각이 원인으로 결과 지어진 일들이다. "생각과 감정(그리고 느낌)은 현실이 된다"라는 진실은 같은 목소리로 공유되고 있다. "생각은 자석이다." 우리의 생각과 감정, 느낌은 하나의 자석에 비유할 수 있다. 비슷한 것들을 자력처럼 끌어 당겨진다는 것이다. 비슷한 생각, 감정, 느낌을 가진 사람과 물건, 배경이 끌려 온다. 유유상종(類類相從)이라고 익숙하게 들어온 그 말은 삶의 지혜이자 진실이었다. 콩 심은 곳에는 반드시 콩이 나는 것처럼, 이 현실을 이렇게 만든 것은 내가 심은 생각과 감정의 씨앗이 원인이었다. 모든 것들이 나의 책임이었다. 내 생각과 감정이 모든 것의 원인이었다.

소의 발자국과 수레바퀴

오늘은 어제의 생각에서 비롯되었고, 현재의 생각은 내일의 삶을 만들어간다. 삶은 이 마음이 만들어내는 것이니 순수하지 못한 마음으로 말과 행동을 하게 되면 고통은 그를 따른다. 수레의 바퀴가 소를 따르듯.

《법구경》

수레를 끌고 가는 소의 발자국과 수레의 바퀴는 같은 방향이다. 내가 한 생각·감정이 있다면 그것에 자석처럼 이끌린 것들이 있다. 뒤따라온 상황, 사람, 환경, 배경 등은 반드시 같은 부류의 것이다. 예외는 없다. 앞서 걷고 있는 '소'가 내 생각과 감정, 행동들이다. 그리고 그에 이끌리는 수레와 수레바퀴는 내 생각과 감정, 행동들에 따라온 것들이다. 나의 책임 범위에 있는 결과물들이다. 즐거운 감정 안에서 비탄함이 나오지 않는다. 이처럼 절망적이고 우울한 느낌 안에서 삶의 환희를 느끼지 못한다. 내 생각과 감정이 결국 나의 현실을 만든다.

바다새.K는 지금까지는 다른 나로 살아가고 싶다고 노트에 적고 소망했다. 우리는 변화를 원한다. 지금과는 다른 삶의 방식과 전혀 다른 나 자신을 원한다. 그렇다면 건드려야 할 부분은 바로 내 생각과 감정인 것이다. "긍정적으로 생각해라, 좋은 쪽으로만 생각해라, 나쁜 일이 생겨도 너무 휩쓸리지 말고 그냥 지나가게 둬라" 등의 말들을 너무 흔하다는 이유로 넘겨버렸다. 그러나 그게 삶을 변화시키는 핵심 열쇠다. 열쇠는 줄곧 우리의 손 위에 놓여 있었다. 아니면 그토록 찾아 헤매던 파랑새처럼 항상 곁에 있었다. 우리가 그것을 너무나도 당연하게 여기고 무시하고 있었을 뿐이다.

바다새.K와 전혀 다른 관점을 가진 "물방개.A"가 있다고 가정해 보자. 물방개.A가 입에 달고 사는 말은 "사는 게 좋다"이다. 좋은 일이 생기면 "이것 봐, 세상은 나를 예뻐하지 못해서 안달이라니깐"이라고 말한다. 그게 너무 사소해서, 누군가한테 말하기도 민망할 정도여도 그렇게 말했다. 어차피 가장 중요한 것은 자기 자신인데 무슨 상관이냐면서. "세상은 나를 너무 예뻐해"라는 마음을 늘 품고 다녔다. 가끔은 하늘을 향해 손 키스를 날리기도 한다. 나쁜 일, 수치스러운 일이 생기면 삶의 에피소드가 늘었다고 즐거워한다. 〈살아가는 것은 끔찍해〉라는 시나리오를 적고 있는 바다새.K와는 정반대의 세계관을 가지고 있다.

바다새.K는 모든 순간에서 지옥을 보는 자이다. 반면에, 물방개.A

는 매 순간에서 천국을 경험하는 자이다. 물방개.A가 살아가면서 하는 '생각'들과 느끼는 '감정'은 바다새.K와 당연히 다르다. 그리고 두 사람을 비교하여 일어나는 일들이나 나타나는 사람들도 다를 것이다. 완전히 똑같은 일을 겪더라도 두 사람의 관점이 다르고, 반응도 다르다. 당연히 그에 따른 결과도 다를 것이다. 누가 더 행복할까. 누가 더 삶에 만족감을 느낄까. 누가 더 삶을 즐겁게 살아갈까. 100명에게 물어도 같은 대답이 돌아올 것이다. 바다새.K가 지금까지와는 다른 나로 살고 싶다면, 시나리오를 바꿔야 한다. 〈살아가는 것은 끔찍해〉가 아닌, 〈세상은 나를 몹시도 예뻐해〉로.

새로운 생각 씨앗 심기, "세상은 나를 예뻐해"

부정적인 생각을 반복한 비관주의자에게 당장 생각의 중요함을 강조해도 소용없다. 긍정적이고 좋은 생각을 하라고 해도 쉬운 일이 아니다. 무기력으로 살아왔는데 즐겁고 행복한 감정을 느끼라고 알려줘도 쉬운 일이 아니다.

바다새.K는 좋은 생각하는 법을 잊어버렸을 정도로 부정적이고 어두운 생각을 반복해왔다. 반복한 것은 강화되고 습관화된다. 그 습관을 하루아침에 당장 끊으라고 한다면 불가능하다. 그것만으로도 또 하나의 부정성이 강화될 소지가 있다. 당장 물방개.A처럼 생각하라는 것은 불가능하다. 오히려 새로운 나를 만나기도 전에 실패를 맛보고 포기해버릴 수도 있다. 자신을 다그치지 말라. 욕심을 부려서는 안 된다.

〈세상이 나를 몹시도 예뻐한다〉는 사실을 믿는 것으로 변화를 시작해보자고 말하고 싶다. 나를 예뻐하는 세상이 반드시 도와줄 거라고 믿어보는 거다. 내가 변화를 간절히 바라는 만큼 세상이 도와줄 것이라는 씨앗을 심는 것을 1순위로 해보는 것이다. 바다새.K는 은둔자의 생활을 마치고자 결심했다. 용기를 내서 현관문을 열고 밖으로 나갔을 때 그 씨앗을 심기 시작했다. 돌부리에 걸려 넘어지지도 않았고, 차에 치이지도 않았다. 지나가는 사람이 비난 가득한 시선을 던지며 욕을 하지도 않았다. 사람들은 오히려 상냥하게 대해주었다. 집으로 돌아와 바다새.K는 세상이 나를 몹시도 예뻐하는구나,라는 씨앗을 소중하게 가슴에 품었다.

"새로운 나로 살아가고 싶다"라는 꿈을 설정했으면, 움직여야 한다. 행동해야만 한다. 그러나 욕심을 부리면 변화를 두려워하는 우리의 어린 자아가 다시 웅크릴지도 모른다. 압박을 주지 말자. 당장 지금부터 좋은 생각과 좋은 감정만 느껴라!라고 명령하지 말자. 조금만 생각을 비트는 것으로 용기를 내보자. 〈살아가는 것은 끔찍해〉라는 시나리오로 "세상이 나를 미워해"라며 살아오지 않았는가. 그런 피해의식과 과대망상으로 지내왔던 기억이 있지 않은가.

용기를 내보자. 어차피 같은 과대망상으로 취급된다면, 지금까지는 안 해본 것을 도전해보자는 거다. 세상은 나를 몹시도 예뻐해. → 그러므로 내가 행복을 찾아가는 길을 환영해줄 거야. → 그러니깐 변화하는 것도 가능해,라고. 변화가 가능하다는 것, 그것만을 기억하자.

＊ 추신

절대로 물방개.A를 부러워하지 말자. 원래부터 그렇게 생각하는 사람이 아닐지 모른다. 바다새.K와 같은 과거 혹은 그보다 더 지독한 과거를 가졌는지는 모른다. 누구나 저마다의 사정이 있다. 그러니깐 남들과 나를 비교하지 말자. 내가 지켜야 할 것은 변화 가능하다고 받아들인 나의 용기이다. 그런 나 자신에게 취해야 하는 너그러운 태도뿐이다.

인생을 바꾸는 근본적인 핵심 열쇠, 잠재의식

남을 부러워하면 나를 낮추는 현실을 끌어당긴다

생각은 자석과 같다. 내 생각이 나의 현실을 만들어 낸다. 현실은 내 생각의 결과물이다. 바다새.K는 노트에 이 문장을 매일 적었다. 현실은 내가 모두 끌어들인 것이라는 진실을 마음에 새겼다. 그리고 원하는 것들도 떠오를 때마다 적었다. 이 덕분에 바다새.K는 은둔자의 삶에서 벗어났다. 보통의 삶에 다시 합류할 수 있었다. 자신을 고립시키지 않고, 매일 세상 밖으로 나갔다. 평생을 살아오던 곳에서 홀로 떠나 "낯선 도시 H"로 향했다. 그리고 대학에 진학했다. 현실 감각이 종종 그의 곁을 떠났다. 자신이 표류하고 있다는 생각도 들었다. 그럼에도 불구하고, 바다새.K는 보통의 일상에 머무르기 위해 온몸을 던졌다.

점점 더 나아지는 자신의 모습이 눈에 보였지만, 바다새.K의 마음한 곳은 공허했다. 끝이 보이지도 않을 정도로 깊은 구멍이 있는 것 같았다. 채워지지 않는 듯한 허기가 들었다. 그래도 계속 끌어당김의 법칙을 실천했다. 세상에 사랑받고, 남들이 부러워하는 삶을 생각했다. 〈남이 부러워하는 삶〉. 이곳에 도달하는 것이 세상이 자신을 예뻐하는 증거라고 믿었다. 새로운 나를 만난다는 것은 남부러운 삶을 사는 것이었다. 뒤늦게 바다새.K는 자신의 기준들이 타인의 시선에 맞춰져 있다는 것을 알았다. 진정 원하는 것이 다른 사람들의 눈에 비추어졌을 때 근사한 삶이었고, 멋진 자신이었던 셈이다. 공허함이 채워지지 않은 이유는 그 때문이었다.

"부럽다"라는 말을 입에 달고 살았다. 자신은 한없이 낮추고, 다른 사람들의 삶은 끝없이 높이는 것이 버릇이었다. 바다새.K는 자신이 습관처럼 내뱉던 "부럽다"라는 말을 듣고 싶었다. 다른 사람들이 그를 보고 부러워해주기를 바랐다. '새로운 나'라는 꿈은 다른 사람들의 기준에서 멋진 나였다. 기준이 나에게 온전히 있지 않았다. 나를 낮추고, 함부로 하는 버릇은 쉽게 고쳐지지 않았다. 결국, 타인의 입들과 선망의 눈을 통해서 그것을 채우고자 한 것이다. 바다새.K는 생각했다. 나는 왜 자신을 왜 이토록 '하찮은 인간', '끔찍한 인간', '쓸모없는 인간', '불필요한 인간'으로 생각하는 것일까라고. 왜 나는 나를 그런 식으로 취급하는 것인가.

끌어당김의 법칙을 머리로 이해하고 있었다. 그러나 바다새.K의 깊은 마음은 자신을 있는 그대로 받아들이지 못했다. 다른 사람들은 자신보다 높고, 대단했다. 그에 반해 자신은 그저 그들을 부러워하기만 하는 낮은 인간이라는 믿음이 심어 있었다. 그 믿음의 씨앗은 다양한 열매를 맺어, 현실로 불러들였다. "죄송합니다. 다 내 탓이야"

라고 입버릇처럼 붙은 말투. 상습적인 자기를 낮추는 태도. 거부라도 받았을 때의 좌절감, 상대에게 미움받지 않기 위해 변명하는 것이 우선이었던 행동들. 바다새.K는 초조했다. 이런 생각과 감정에서 나오는 태도들이 같은 현실을 끌어들이고 있다는 것을 알고 있었기에 불안하고, 다급했다.

현재의식이냐 잠재의식이냐

바다새.K는 도서관에서 자존감을 회복시키는 책들을 읽어나갔다. 내가 얼마나 소중한 존재인지 말해주는 책들로 위로받았다. 그러나 읽는 순간의 마음들은 오래 가지 못했다. 그런 나날 중에 〈잠재의식〉에 관하여 말하는 책을 만나게 된다. 생각과 감정을 현실화시키는 법칙의 핵심에는 '잠재의식'이 존재한다는 것을 알게 된다. 그리고 이해하게 된다. 내가 진정으로 변하고, 삶의 변화를 끌어내기 위해서는 잠재의식을 변화시켜야 한다는 것을. 잠재의식에 내재된 나에 대한 관념을 바꿔야만 근본적인 자기 변화가 가능하다는 것을. 바다새.K에게 새로운 문이 또다시 열렸다. 그는 노트를 펼쳐서 잠재의식에 관한 것들을 정리해나갔다.

우리의 의식은 '현재의식'과 '잠재의식'으로 나누어져 있다. 우리는 5%의 '현재의식'과 95%의 '잠재의식'으로 살아가고 있다. 버지니아 대학 심리학 교수인 티모시 윌슨은 말한다. 매초 사람이 받아들이는 정보는 1,100만 바이트이다. 그중에 의식이 처리할 수 있는 부분은 44바이트 수준이라고 말한다. 정보량의 처리 능력에서 잠재의식이 현재의식보다 수만 배 혹은 수십만 배 더 능한 것이다. 정보 저장 능력도 잠재의식은 월등하다. 우리가 현재의식에서 놓치고 있는 부분들까지도, 잠재의식은 모두 기억하고 보관하고 있다.

칼 융은 "밖을 보는 자, 꿈을 꾼다. 안을 보는 자, 깨닫는다"라고 말했다. 이 말은 즉, 잠재의식을 보아야 한다는 것이다. 내 안을 들여다보아야 한다. 현실 변화의 열쇠는 바로 잠재의식에 접근하는 것이다. 끌어당김의 법칙의 핵심은 생각과 감정이 현실이 된다는 것이다. 원하는 바를 가지기 위해서는 '생각'과 '감정(그리고 느낌)'에 집중해야 한다고 말한다. '생각'만 하는 것이 아니다. '감정'이 반드시 동반되어야 한다. 그 이유가 바로 이것이다. 생각이 '현재의식'이고, 감정(그리고 느낌)이 "잠재의식"이기 때문이다.

긍정적인 생각을 하는 사람이 좋은 현실을 만들어가는 것은 진실이다. 주변에 있는 긍정적인 사고방식을 가진 친구를 떠올려보라. 그들이 일상을 어떻게 지내고 있는지도. 그러나 거기에는 흔히 놓치는 중요한 핵심이 있다. 긍정적인 생각이 긍정적인 감정(그리고 느낌)을 유발시킨다는 것이 바로 그것이다. 감정이 핵심이다. 행복과 기쁨으로 충만한 삶, 나에게 좋은 것들이 가득 끌어오는 삶에는 잠재의식의 개입이 반드시 필요하다.

잠재의식의 정보 처리 능력과 정보 저장 능력은 현재의식보다 수만 배 이상 강력하다. 현재의식이 잊어버린 것을 잠재의식은 모두 알고 있다. 별 대수롭지 않게 놓쳐버린 과거도 전부 기억하고 있다. 그리고 아직 마주하지 않은 미래까지도 잠재의식은 모두 알고 있다. 가끔 TV를 통해 본 적이 있을 것이다. 최면을 통하여 잠깐 스쳐본 범인의 얼굴을 자세히 묘사하는 장면을. 뺑소니 차량의 번호판을 기억해내는 목격자를. 현재의식이 절대 기억해내지 못할 갓난아이 시절의 장면까지 기억하는 모습을 말이다. 이처럼 잠재의식은 모든 것을 알고 있다. 그리고 그 모든 것에는 당연히 아직 오지 않은 미래도 포함되어 있다.

인생만사 새옹지마

바다새.K는 노트에 "인생만사 새옹지마(人間萬事 塞翁之馬)"라는 말이 떠올라 적었다. 지금 마주한 좋은 일이 나쁜 일일 수도 있다. 반대로 나빠 보이는 일들이 훗날 좋은 일로 평가될 수도 있다라는 의미의 그 말을 적고 가만히 바라보았다. 지금까지는 세상일에 크게 연연하지 말라는 의미로만 받아들였었다. 이제 다르게 해석이 되기 시작했다. 잠재의식에 대한 믿음의 중요성을 말하는 것일지도 모른다는 생각이 들었다.

지금까지는 현재의식의 힘에 의지하여 끌어당김의 법칙을 실천해왔다. 잠재의식의 힘을 자각하지 못하고 '생각의 힘'에만 의지했다. 원하는 것만 생각하여 끌어당겼다. 그리고 그 현실이 눈앞에 펼쳐졌다. 그렇게 나타난 현실이 당장은 좋아 보일 수 있어도 실상 좋은 일이 아닐지도 모른다. 그리고 내가 나쁜 일이라고 괴로워하던 일이 알고 보니 좋은 일일 수도 있다. 모든 것을 알고 있는 잠재의식의 지혜로움으로 펼쳐진 좋은 일의 토대일 수도 있다.

현재의식에만 의지한 내가 바라는 현실에 대한 꿈은 불완전하다. 잠재의식의 힘이 절대적으로 필요하다. 두 힘이 일치화되어야 한다. 현재의식과 잠재의식이 일치되어야 한다. 그래야 내가 바라는 행복한 삶이 나에게 현실로 나타난다. 내가 볼 수 있는 인생길은 아무리 보아도 한정적일 수밖에 없다. 모든 것을 알고 있는 잠재의식의 힘을 믿어야 한다. 그 힘에 도움을 요청해야 한다. 그렇게 의식이 반드시 그 일치화가 이루어져야 한다. 그래야만 훗날 인생길을 되돌아보아도 해롭지 않은(무해) 좋은 일들만이 끌어들여지는 것이다.

정말로 간절히 원하는 이상형이 있다고 생각해보자. 구체적으로 현재의식의 힘으로 그 이상형이 가질 특징을 생각해본다. 외모, 성격, 배경들의 특성을 적고 매일 생각한다. 그러자 정말로 그와 근접한 사람이 내 현실에 나타나서 나의 애인이 된다. 분명 내가 원하는 바가 이루어졌고 나는 행복을 느껴야 하는 것도 맞다. 그러나 내 행복의 지속시간이 짧을 수 있다. 쉽게 적응해버리는 우리의 성향 때문이 아니다. 사실 그는 나와 맞지 않는 사람일 수도 있는 것이다. 현재의식이 간절히 원해서 일단 이뤄졌으나, 그는 나의 인연이 아니었던 거다. 잠재의식의 부재는 이런 식의 불균형을 낳는다.

내 일상의 5%의 힘을 가진 현재의식에만 의지를 하게 되면 불완전함을 만난다. 내게 이루어지는 변화의 세상이 어딘가 불균형을 이루는 것이다. 95%의 힘을 가진 잠재의식이 반드시 개입이 되어야 한다. 〈세상이 나를 몹시도 예뻐한다〉라는 시나리오 역시 그러하다. 그 시나리오를 작성하기로 했다면 현재의식뿐만 아니라 잠재의식이 이를 받아들여야 한다. 그 사실을 진심으로 받아들이고 그 시나리오가 펼쳐졌을 때의 감정을 반드시 느껴야 한다. 잠시 여유를 가져보자. 노트를 펼쳐서, 잠재의식에게 무사히 날 여기까지 이끌어줌에 작은 감사함이라도 표현해보자. 지금보다 더 나빠질 수도 있었다. 잠재의식이 최선을 다해 여기까지 이끌어줬다.

불안에 지친
내면 아이

몸은 어른, 마음은 아이

"착한 아이처럼 말만 잘 들으라 해서 시키는 대로 했는데 자꾸 지겨워 해." 바다새.K의 이어폰으로 음악이 흘러나온다. 매력적인 보컬의 음색에 바다새.K의 옅은 한숨이 겹쳐진다. 가수 거미의 〈어른 아이〉는 시작되는 첫 구절부터 심장을 움켜잡는 기분을 준다. 이전 같았으면 그냥 그 감정을 대수롭지 않게 여겼겠지만, 바다새.K는 노트를 펼쳤다. 그리고 그 가사를 가만히 적은 후 바라보았다. 왜 그 구절을 들으면 그렇게 마음이 쓰린지 생각해보기 시작했다.

노트가 생긴 후, 답답한 감정이 올라오면 피하지 않고 바라보는 그였다. 세상의 소란에서 벗어나 나와 마주하는 시간은 중요하다. 조용히 자기 자신과의 시간을 하루에 잠깐이라도 가지는 습관을 들여야 한다. 나와 마주하고 불편한 감정을 파고들면 그 이유를 알게 된다. 근본 원인을 찾을 수 있다. 〈어른 아이〉의 첫 구절이 먹먹한 것은 이 때문이었다. 단순히 연인관계만을 말하는 것이 아니었다. 자신과 세상에 대한 관계를 명확히 보여주고 있었다. 정확하게는 세상이 자신을 어떻게 대하고 있는지에 관한 시각과 정확하게 일치하고 있었다.

착한 아이로 이 세상이 시키는 것들을 했다. 그럼에도 세상이 나를 외면한 것 같은 기분을 느낀다. 피해의식에 가까운 망상이라는 것을 알면서도 그렇게 생각하며 세상을 살아간다. 가수 거미의 노래 제목처럼 우리는 모두 '어른 아이'이다. 몸은 자라났고, 세금을 내야 한다. 아프면 우는 대신에 택시를 잡고 병원으로 향해야만 하는 어른이다. 남한테 의지하는 대신에 스스로 책임져야 하는 그런 어른이다. 그러나 몸이 자란 어른이지만 우리의 마음에는 여전히 어린아이의 모습이 그대로 남아 있다. 그런 어린아이를 품고 우리는 살아간다. 힘겹게 살아가는 우리는 그 연약한 내면의 아이를 안아주는 법이 없다. 그럴 여유가 없다.

어린 시절, 작은 말다툼으로 우정이 깨진다. 나의 것을 빼앗기면 소리 지른다. 가까운 어른들의 훈계에 미움받았다는 생각이 들면 울어버린다. 무서워도 울고, 두려워도 운다. 사랑을 끊임없이 갈구한다. 같은 일을 겪으면 이제 우리는 억누르고 참아야 한다. 어린 시절에는 항상 누군가가 나타났다. 우리와 눈높이를 맞춰서 이해시켜주고 달래주었다. 울고 아파하면 안아주었다. 그러나 다 자란 어른인 우리에게 그렇게 해줄 사람은 아무도 없다. 오로지 나 자신만이 나에게 그렇게 해줄 수 있다. 그러나 우리는 어른 아이인 자신을 나무란다. 왜 고작 그런 걸로 아파하고, 숨어버리는지 윽박지른다. 자기 자신을 한심하다고 비난한다.

7살 이전에 저장된 정보들로 살아가는 우리들

어른 아이라는 말은 비유가 아니다. 여기에는 잠재의식이 개입되어 있다. 우리가 아이의 마음으로 살아가는 것은 잠재의식이 그렇게 현재 활동하고 있기 때문이다.

세포생물학자인 브루스 H. 립튼 박사는 말한다. 7살 이전의 아이의 두뇌 활동은 세타파가 지배한다. 세타파는 주파수가 4~7Hz인 상태로 얕은수면 중이나 상상할 때 발휘된다. 이 주파수로 아이들은 세상의 정보를 받아들이고 흡수한다. 옳고 그름의 판단이 없다. 즉, 우리가 지금 살아가고 있는 잠재의식은 7살 이전에 프로그램이다. 그 시기에 전부 흡수되고 받아들여진 것들이다. 우리는 7살 이전의 잠재의식이 받아들인 정보들로 살아가고 있는 어른들이다.

잠재의식이 왜 그런 짓을 했냐고 물으면 이유는 생존 때문이라고 답할 수 있다. 동물들과 다르게 인간인 우리들의 양육 시기는 월등하게 길다. 다큐멘터리를 한 번 정도 본 사람이라면 알 것이다. 초원에서 갓 태어난 가젤이 얼마나 금방 두 다리로 일어나서 걷고 뛰기 시작하는가. 알을 깨고 나온 거북이들이 얼마나 금방 바다를 향해 달려드는지를 말이다. 그들이 느긋하게 탄생의 기쁨을 누리기에는 천적이 곳곳에 포진해 있다. 그들은 본능적으로 그 사실을 알고 있다. 그에 반해 인간은 다르다. 아기가 어른에게 자신의 전부를 의존해야 하는 시간은 길다. 순수한 이 존재가 홀로 설 수 있는 시기는 세상의 위험에도 불구하고 지나치게 길다.

그러나 의존해야 하는 시간이 길다고 본능적으로 살아남는 방법을 모르는 것은 아니다. 잠재의식은 모든 것을 알고 있고, 우리의 생존을 중요하게 생각하는 존재이다. 우선은 살아남는 것이 급선무이다. 잠재의식은 주변의 모든 것을 재빠르게 배우고, 습득하기 시작한다. 단순히 정보만을 흡수하는 것이 아니다. 그 정보들 이면에 담겨있는 온갖 믿음들까지도 흡수한다. 우리 내면에 믿음들을 프로그램화 하는 것이다. 가까운 주변 어른들. 미디어를 통해 흘러나오는 말과 정보들을 흡수한다. 자, 그러면 당신에게 물어보겠다. 어른인 당신은 지금 현자(賢者)처럼 지혜로운가. 성인(聖人)들처럼 사랑이 넘치고, 너그러운가. 현명한 어른인가.

쉽게, "그렇다"라고 답할 수는 없을 것이다. 결국 우리 같은 어른들의 믿음을 잠재의식에 다운로드 받은 거다. 우리 같은 어른들이 말하고, 행동하고 믿고 있는 정보들을 새겨놓은 거다. 자기 잣대로 세상을 평가하고, 비난하는 정보들을 받았다. 불안해하고, 사랑을 달라고 애원하는 그런 정보들을 그대로 흡수했다. 지금의 우리와 다를 바 없는 어른들의 믿음을 흡수하고, 성장한다. 그렇게 자라나 다음 아이들이 같은 믿음들을 흡수하고 각인하게 둔다. 그 아이가 자라 또 우리처럼 된다. 존재의 기쁨에 뒤덮여 탄생한 '신의 아이'였던 우리들은 어느 순간 사는 것은 쉽지 않다고 말한다. '외롭다'라는 믿음에 따라 그런 감정들과 일체화된다.

콩 심은 곳에 팥이 나지 않는다

우리는 몰랐을 뿐이다. 지금 나에게 하려는 말을 멈춰라. 습관처럼 자기 자신에게 뭐라 할 이유는 없다. 스스로를 그만 좀 괴롭히자. 새로운 나를 만나는 것이 목표이지 않은가. 그 '새로운 나'에는 과거를 후회하고, 순수했던 나를 비난하는 것은 없을 것이다. 어떤 식으로든 자기 비난을 해서는 안 된다. 생각과 감정은 현실이 된다고 했다. 이 현실은 내 생각이 만들어낸 결과이다. 콩 심은 데는 반드시 콩이 나고, 팥 심은 곳에는 반드시 팥이 나기 마련이다. 결국, 이 현실은 우리의 생각과 감정을 거울처럼 그대로 반영하여 비춰준다.

이 세상은 우리의 생각과 마음, 즉 내면을 그대로 거울처럼 반영해준 결과다. 세상은 우리의 마음의 거울이다. 내가 그 앞에서 불안해하면 불안한 현실이 반영되어 나타난다. 내가 작은 것에 감사하고 행복해한다면, 그대로 현실에 반영되어 나타난다. 감사하고 행복한 일들이 생겨난다.

작가 바딤 젤란드는 《여사제 타프티》라는 책을 통하여 이런 말을 한다. 세상을 향하여 사랑을 달라고 떼를 쓰며 애원하는 것. 그것은 세상이라는 거울을 앞에 두고 그런 말을 하는 것과 같다고. 우리가 거울 앞에서 무언가를 달라고 말을 해보았자, 돌아오는 것은 똑같이 달라고 요구만 하는 세상의 모습이다.

작은 일에도 기뻐하고 감사하면, 그런 일들이 많아지는 것도 이와 같은 이유에서이다. 우리는 거울이라는 세상 앞에서 감사하고 기뻐한다. 그럴 경우, 그 거울 속 세상은 자신이 반영된 것을 그대로 우리에게 보여준다. 감사하고 기뻐할 현실이 나타난다. 그러면 잠재의식이 7살 이전의 정보들을 흡수한 것과 이 거울 세상을 합치면 어떨까. 우리는 불안의 중심에 살고 있다.

단 한 번이라도 경제가 안정되어 가고 있다는 소리를 들은 적이 있는가. 사건 사고 없이 조용한 날이 있던가. 누군가가 계속 실패하고, 공격을 당하고, 이별한다. 그런 공포를 기반으로 한 정보들이 계속 들려온다. 점점 더 우리의 잠재의식에 나도 모르는 사이에 공포심이 강화된다.

우리는 그런 불안과 공포를 거울 앞에서 그대로 드러낸다. 그리고 그 거울에 반영된 현실을 그대로 돌려받고 있다. 우리가 정말로 원하는 것은 새로운 나 자신을 만나는 것이다. 그런 나 자신으로 지금까지와는 다른 삶을 살아가는 것이다. 그 '다른 삶'이라는 게 유별나게 다른 부분이 있는가? 거의 공통될 것이다. 불안해하지 않는 것이다. 걱정이나 후회하지 않는 것이다. 행복하고, 평온함을 느끼고, 기뻐하고, 사랑하고, 사랑받고, 즐거워하는 것일 거다.

사회적으로 성공하여 명예를 얻고, 부자가 되는 것. 좋은 집에 살고, 좋은 차를 타고, 좋은 물건들을 가지는 것. 그 이면에는 부자가 되어 불안한 미래로부터 보호받는 것이 있다. 불안하지 않은 마음. 걱정하지 않아도 되는 현실. 더 이상 후회하지 않아도 되는 과거. 그렇게 안정감과 안전하다는 진실, 보호받고 있다는 확신을 원하고 있다. 내가 원하는 삶은 결국에는 더 감정적으로 평온한 삶이다. 물질을 원하는 것도 근본적으로 기쁨과 행복을 위한 것이지 않은가.

바다새.K는 거울 앞에 섰다. 그리고 중얼거렸다. "현실은 거울이다" 잠재의식에 자신의 의지와는 상관없이 주입되고 다운로드 된 세상에 관한 온갖 정보들. 인생에 관한 이야기들을 생각해보았다. "사는 게 즐겁다"라고 말한 사람이 아무도 없었다. "사는 게 다 그렇지, 뭐" 식의 이야기들뿐이었다. 행복함, 평화로움, 기쁨이라는 감정을 바구니에 넣고 거울 앞에 내밀었다. 이것을 현실에 내밀며 말했다. "가져가"라고. 그렇게 가져가서 그것을 현실에 비춰달라고, 바다새.K는 거울 앞에 손을 내밀었다. 자기 자신과 자신의 현실에 화해를 청하는 제스처이기도 했다. 우리는 가장 먼저 자기 자신과 화해하고, 우리의 인생과 화해를 해야 한다.

"모든 것이 부족해"에서
빠져나오지 못하는 현실

"모든 것이 부족해"라는 생각이 문제

바다새.K을 깨우는 알람 소리가 요란하게 울린다. 아침은 어김없이 시작되었다. 어차피 일어날 거지만 짜증부터 낸다. 피로는 아직 풀리지 않았고, 몸이 개운하지 않다. 잠이 부족한 나날이다. 알람을 끄면서 스마트폰을 확인해본다. 밤새 연락 온 곳이 없다. 나를 찾는 사람이 아무도 없다. 언제나 인맥은 부족하거나 형편없다. 애써 마음을 뉴스로 돌려본다. 경제성장률이 곤두박질치고 있다. 거기에 청년실업률, 정치적인 혼란은 이제 하루라도 듣거나 보지 않으면 허전할 정도이다. 뉴스를 보면 누가 누가 더 자극적인 제목을 만들어내는지 시합을 하는 것 같다. 그 덕에 세상이 위험한 곳이라는 것을 인정하며, 하루가 시작된다.

바다새.K의 생각은 '부족함'에 맞춰져 있다. 외출 준비를 하면 늘 시간이 부족하다. 옷은 늘 부족하다. 영양제도 먹어 보지만, 늘 피곤하다. 지하철이나 버스를 놓치거나, 신호가 내 앞에서 끝나면 운이 안 좋다고 생각한다. 운동할 시간이 부족하다. 헬스장을 다니기에는 너무 비싸다. 게다가 그럴 시간도 없다. 미래가 점점 더 불확실해지면서 있는 일자리도 무서운 속도로 사라지고 있다고 한다. 안정적이라고 믿었던 대기업에서 대량해고가 시작되었다는 소식이 들린다. 전문가들은 미래를 대비해야 한다고 한다. 투자해야 한다고 말한다. 하지만 돈이 부족하다. 다른 직업을 준비하라고 하지만 그것에 신경 쓸 시간이 부족하다.

SNS를 켜면 나를 제외한 사람들이 완벽한 모습으로 완벽한 일상을 살아가고 있는 것 같다. 그들은 늘 좋은 곳에서 밥을 먹고, 친구들은 넘치고, 비싼 것을 소유하고 있다. 외모는 연예인들에 버금간다. 흠 하나 없이 완벽하고, 모델들 같은 몸매를 가졌다. 게다가 늘 사랑을 하고 있다. 애정 넘치는 커플 사진들을 보며, 모두가 제짝이 있는데 나만 고독한 것 같다. 그 와중에 광고들은 더. 더. 더. 나를 업그레이드시켜야 한다고 재촉한다. 피부가 좋아야 하고, 치아는 가지런해야 하며, 살이 찌는 것은 용납할 수 없다. 그렇게 해야 사랑을 받을 수 있다고, 뒤처지지 않는다고 불안함을 가중시킨다.

바다새.K는 사람들이 어떻게 미치지 않고 버티는지 궁금할 지경이다. 어떻게 다른 사람들은 이 불안 안에서 일상을 살아가고 있는 건지 존경스러웠다. 조금만 현재의식의 도움을 받아서, 하루 동안 내 생각이 어떤 흐름을 타고 있는지 보자. 경악스러울 것이다. 우리는 급류에 대책 없이 휩쓸려 떠내려가고 있다. 그 급류는 오염되어 악취가 난다. 병에 걸릴 것 같은 급류의 이름은 〈모든 것이 부족해〉이다.

결핍에 초점이 맞춰진, '부족함'의 사고방식 집합소이다. 이쯤 되면 내가 과연 내 생각과 감정의 주인이 맞는지 의문스럽다. '내가 내 인생의 주인공'이라고 불려도 되는 건지 의문스럽다. 우리는 거기서 당장 빠져나와야 한다.

악취를 풍기는 "부족해"라는 사고방식

우리들의 일상을 잠시만 보아도, "부족하다"라는 사고방식이 만연해 있다. 시간이 부족하고, 체력이 부족하고, 기회가 부족하다. 새로운 도전을 시도할 에너지가 부족하고, 그럴 돈이 부족하다. 내가 한 생각을 한 걸음 뒤에 물러나서 바라보라. 얼마나 빈번하게 내 생각이 '부족함'에 초점이 맞추어져 있는지 알 수 있을 것이다. "당신이 지금 가진 것들은 지난 며칠, 몇 주, 몇 달 동안 스스로 의식적 또는 무의식적으로 생각하고 집중해온 것들이다"라고 작가 페니 피어스는 말한다. 부족함에 기반을 둔 사고방식이 나의 현실을 더 부족하게 만들었다는 생각은 해본 적이 없는가?

부족과 결핍에 만성화된 생각이 부족과 결핍을 끌어당긴다. 그것은 같은 것들을 현실로 부른다. 〈모든 것이 부족해〉라는 급류에 계속 머물고 있다 보면, 세상을 경쟁적으로만 보게 된다. 돈도 사랑도 모든 것이 부족한 것이고, 경쟁을 해야 하는 대상이 되어 버린다. 내 곁에 있어도 빼앗길 가능성이 있는 것밖에 되지 않는다. '빼앗길 수 있다'라는 생각과 그에 따르는 감정은 결국에는 그 현실을 내게 보여줄 것이다. 그 현실 속에서 나는 가진 것을 세상이 빼앗아간다는 피해의식에 휩싸일 것이다. 그리고 확신할지도 모른다. '역시, 세상은 나를 미워해'라고. 그리고 그 미움은 미움을 더욱더 끌어당겨 보일 것이다.

우리의 잠재의식은 7살 이전의 정보들을 다운받아 저장하고 있다. 심리학 박사인 알렉산더 로이드는 "우리 대부분은 7살된 성인이다"라고 말한다. 우리가 믿고 있는 현실을 바라보는 시각은 7살 전에 거의 완성된다는 것이라고 그는 말한다. 지금의 우리와 똑같은 어른들의 생각을 그대로 저장하여 살아가고 있는 것이다. 그들도 세상을 부족하게 보았다. 그리고 우리도 똑같이 그렇게 본다. 결핍에 초점을 맞춘 사고방식을 가진 것은 이 때문이다. 살아남아야만 했기에 그렇게 여과 없이 결핍의 믿음을 받아들였다. 우리는 지금 그저 믿음체계를 재생하고 있는 것뿐이다. 부족함에 기반한 생각은 같은 것을 더욱더 끌어당겨 현실에 보여줄 것이다.

생각은 바꿀 수 있다. 당장 '부족함'을 얼마나 뿜어내는지 자각해야 한다. 그 '부족함'이 오물이 가득한 하수구의 악취보다 더 지독한 냄새를 뿜어내고 있다고 생각하자. 바다새.K는 자신의 사고방식을 바꿀 때 이 방법을 이용했다. 조금이라도 '부족해'라는 생각이 들 때, 하수구의 악취보다 더 심한 냄새를 떠올렸다. 생각은 바꿀 수 있다. 억울하지 않은가. 우리는 그저 생존을 위하여, 우리보다 더 현명할 거라고 믿었던 어른들의 믿음을 흡수했을 뿐이다. 그 믿음을 의심 없이 현실에 재생하며 살아왔을 뿐이었다. 그런데 그런 부족함과 경쟁의 사고방식이 나를 더 부족하게 만들고, 경쟁에 뒤얽히게 현실로 밀어 넣은 것이다.

작가이자 치유사였던 루이스 L.헤이는 말한다. 밤하늘에 별을 세어보라고. 한 나무에 열린 잎의 수를 세어보거나, 모래를 한 주먹 쥐고 모래알의 개수를 세어보라고. 떨어지는 빗방울의 수와 토마토 한 개의 씨가 몇 개인지 세어보라고 말한다. 그녀의 말처럼 세상은 놀라울 정도로 풍요로운 곳이다. 우리에게 끊임없이 공급을 해주는 너그럽고 다정한 곳이다. 자신의 관점을 바꿀 때가 왔다. 세상은 부족한 곳도 아니고, 경쟁으로 살아남아야 하는 곳도 아니다. 세상은 놀라울 정도로 넘치고, 풍요로운 곳이다.

나를 불안으로 밀어 넣은 것은 나 자신

세상이 풍요롭고, 무한한 곳이라는 생각이 그저 천하태평한 생각 같은가. 세상은 갈수록 각박해지는 곳이자, 흉흉해지며, 위험천만한 곳이라고 당신은 믿고 있는가. 바다새.K는 환멸주의를 앓았지만 지금은 긍정주의자로 살아가고 있다. 환멸 속에 있을 때의 세상은 지옥이다. 그도 부조리와 부족함을 중심에 둔 시각으로 살았다. 긍정주의자들을 철부지로 보았다. 두 가지의 세상을 겪어본 경험자로서 그는 말한다. 회의주의와 환멸주의의 안경을 끼면, 그런 현실들이 끌어당겨진다. 당신은 그런 삶을 살아가야 한다. 부족함과 결핍감의 사고방식에서 벗어나지 못하면 내 세상은 여전히 같은 곳일 뿐이다. 다른 세계에 발을 들여놓는 용기가 지금 필요하다.

자신을 얼마나 불안함에 떨게 만들어 왔었는지 생각해보라. 시련과 문제없는 인생은 없다. 문제는 항상 발생한다. 그런 시련들을 마주했을 때, '부족함'과 '결핍'의 사고방식은 무엇을 불러일으킬까. 어떤 현실을 거울처럼 반영해줄까. 해결방법도 부족하고, 도와줄 사람도 부족하며, 시간도 부족할 것이다. 덫의 중심부에 얼마나 자신을 밀어 넣어왔는지 생각해보라. 반대였다면 어떠했을까. 만약 세상이 나에게 호의적이고 풍요로운 곳이라는 믿음이 있었을 때는 어떨까. 해결 방법은 반드시 있을 것이고 탈출구는 여러 개 존재한다고 믿었을 것이다. 그런 현실은 반드시 거울처럼 내 앞에 펼쳐졌을 것이다.

조용히 묻고 싶다. 나를 불안하게 만든 것은 누구일까. 세상이 나를 불안하게 한 것인가. 정말로 그럴까. 오로지 당신만이 나 자신을 불안하게 만든 거라는 생각을 한 적이 없는가. 바다새.K는 노트를 펼쳤다. "나를 불안하게 만든 것은 나 자신이었다. 나를 불안한 현실로 밀어 넣은 것은 나 자신이었다"라고 적었다. 그리고 "나는 풍요롭고 넉넉한 세상의 문을 열고 들어가도 괜찮다"라고 적었다. 나는 풍요를 누릴 자격이 충분한 사람이다. 지금까지와는 다른 시각으로 세상을 바라봐도 괜찮다.

수조 속의 물고기가 아닌
바다의 물고기가 되자

독화살에 맞았으면, 가장 먼저 할 일은 화살을 뽑는 것

누군가 쏜 독화살에 맞았다. 화살에 맞은 내가 해야 할 일은 무엇일까. 죄 없는 내가 왜 화살에 맞아야 하는지 억울해 해야 할까? 도대체 누가 나에게 이런 짓을 했는지 분노해야 할까? 아니다. 몸에 박힌 독화살을 뽑는 것이 당장 할 일이다. 독이 몸에 퍼지기 전에 재빨리 뽑는 거다. 위에처럼 누가 독화살을 쏜 건지 묻는 것은 나중 일이다. 나에게 왜 독화살을 쏘고, 그 화살이 어떤 재질인지 묻는 것도 나중 일이다. 심지어 어떤 독을 쓴 건지 알아내는 것도 나중 일이다. 당장은 독화살을 뽑아야 한다. 어느 날 깨달음과 죽음에 관한 고뇌에 찬 질문을 한 제자에게 부처가 한 말이다.

바다새.K의 친구 B가 그의 술잔을 채워주며 덤덤하게 묻는다. "왜 그렇게 숨어버렸던 거야?" 어두운 동굴로 들어가서 문을 닫아 잠가버린 이유가 B는 궁금했다. 어느 날 갑자기 무기력에 잡아먹힌 이유를 묻고 있었다. 바다새.K는 술잔을 만지작거렸다. 무슨 말을 해야 할지 난감했다. 되돌아보면 마치 꿈을 꾼 것처럼 흐릿한 기억의 나날들이었다. 늪의 한 가운데에서 바깥을 보고 있으면 영원히 빠져나오지 못할 것 같다. 그러나 지금 늪의 잔해는 씻겨졌다. 다시 늪에서의 기억을 군이 떠올릴 필요가 있을까. 독화살은 이미 뽑혔다. 영원히 이어지는 절망도, 무기력도 없다. 늪의 잔해를 씻어낼 수 있다. 얼마든지.

당신은 상처를 받았다. 받은 상처의 종류는 헤아릴 수도 없이 다양할 것이라 예를 들기도 어려울 지경이다. 학대받았을 수도 있다. 따돌림당하고, 배신당했을 수 있다. 연민을 불러일으키는 상처를 겪었을 것이다. 혹은 "그런 거에 왜 상처받아?"라는 말을 들을 정도로 사소해 보이는 아픔도 있을 것이다. 어떤 상처를 받았는지는 잠시 내려놓자. 그냥 내가 상처를 받았다는 것만 기억하자. 남에게 상처의 무게를 설명하지도 말자. 멋대로 내리는 판단에 해명할 필요도 없다. 상처의 무게를 짊어지는 것은 나이다. 그게 얼마나 무거운지 가벼운지는 남이 결정할 일이 아니다.

바다의 물고기가 될 기회를 얻은 수조의 물고기

바다새.K는 '용왕제'라는 불교 행사에 참여한 적이 있다. 장소가 절이 아닌 바다 앞이라는 것이 조금 특이했다. 기도 일부 중에는 '방생'이라는 것이 있었다. 양식장의 물고기들을 바다에 풀어주는 거였다. 바닷가에서 사람들이 물고기들을 풀어주기 시작했다. 그러나 아름다운 장면으로 연출되기에는 갈매기들이 사방에서 몰려오고 있었다. 이미 기다리고 있었다. 사람들이 바닷가에 물고기를 풀어주면 갈매기들은 그냥 그 물고기들을 손쉽게 잡아먹었다. 오랫동안 수조에 갇혀 지내는 게 익숙한 물고기에게 바닷물은 낯선 공간이었을 거다. 생각과는 다르게 바다에 풀어준 어린 물고기들은 그 자리에 계속 머물고 있었다. 자유에 어리둥절할 뿐이었다.

그냥 바다를 향해 뒤도 보지 않고 헤엄쳐야 살아남을 수 있었다. 사람들의 손에서 벗어나 바닷물에 들어가자마자 그대로 깊은 바다로 힘차게 헤엄쳐야만 했다. 그러나 그들은 얕은 바닷가에서 망설이거나 머뭇거렸다. 시간이 지날수록 물고기보다 갈매기들의 숫자가 더 넘쳐났다. 갈매기들은 최선을 다해 사냥하지도 않았다. 그냥 물미역을 건져내듯이 물고기들을 잡아먹었다. 배가 부른지 날지 않고 사람들의 곁에서 그냥 쉬는 새들도 많았다. 양식장의 물고기들은 바다를 잠깐 맛보고 갈매기들의 먹이가 되었다. 그들은 바다라는 자신의 고향을 너무 잠깐만 느꼈다. 그들은 바다를 두려워했다.

모두가 그렇게 사라진 것은 아니었다. 살아남은 것들은 바닷물에 들어가자마자 깊은 바다로 헤엄친 부류였다. 자신의 지느러미와 꼬리를 믿고 힘차게 바다로 헤엄친 무리들이었다. 당신은 양식장에 오랫동안 길들여졌다. 드넓고 광활한 바다에서 태어났다는 사실조차도 잊어버렸을지 모른다. 상처를 간직하고 사는 것은 수조 속의 생활이 익숙한 거와 같다. 생각의 범위도 수조만큼 협소해진다. 상처를 계속 떠올리고, 그 안에만 머물러 있지 않은가. 상처를 놓아줘야 한다. 이제 바다로 헤어칠 시간이 왔다. 상처라는 작은 수조에서 갇혀 살기에는 당신은 바다에서 태어난 존재다. 적어도 고향인 바다라는 곳을 잠시라도 헤엄쳐봐야 한다.

2016년 브라질 리우올림픽 펜싱 경기에 박상영 선수가 결승전에 오른다. 13:9의 점수로 박상영 선수가 지고 있다. 그가 경기한 에페 종목은 양 선수가 동시 공격에 성공하면 함께 점수를 준다. 뒤로 갈수록 이기고 있는 선수가 유리한 종목이다. 거기에 15점을 먼저 내면 경기는 종료된다. 그런 압박으로 가득한 상황에서 관중석에서 "할 수 있다"라는 외침이 들린다. 박상영 선수는 그 소리를 놓치지 않는다. 그는 고개를 끄덕이며 "할 수 있다"를 여러 번 중얼거린다. 그리고 15:14로 대역전극을 이뤄내고, 금메달을 획득한다. '할 수 있다'라고 뚜렷한 입 모양으로 말하는 그의 모습은 국민들에게 감동을 주었다.

그는 '할 수 있다'라고 현재시제로 말했다. 자기 자신에게 지금 당장 할 수 있음을 말했다. 꿈을 위해 '확언'을 사용하라는 말을 들어본 적 있을 것이다. 확언에 핵심이 있다. 확언은 미래 시제로 말하는 것이 아니라 반드시 현재의 시점으로 말해야 한다. "나는 좋은 집에 살 거야, 혹은 나는 부자가 될 거야"라는 말을 예를 들어보자. '~할 거다.'는 미래를 보고 한 생각이다. 미래에 있는 생각이다. 잠재의식은 이 생각을 영원히 미래로 받아들인다. 그리고 '~할 거다'는 결국에는 내가 지금은 그렇지 않은 상황이라는 가정을 둔 것이다. 잠재의식은 그것은 사실로 받아들이고, 그 사실에 집중한다. 당신의 소망은 영원히 미래에만 있을 것이다.

"나는 상처를 치유할 거야"라고 말하는 대신에 "나는 이제 다시 시작한다"라고 자신에게 말하라. 당신에게는 지느러미와 꼬리가 있다는 것을 기억하라. 당신은 어디서나 헤엄칠 수 있는 존재이다. 그저 수조에서만 빙빙 돌며 살기에는 당신은 가능성으로 가득 찬 존재이다. 당신은 언제든 다시 시작할 수 있는 존재다. '상처'를 이제 놓아주자. 잠재의식이 그 '상처'만 바라보게 놔두지 말자. 상처를 끌어안고 사는 것은 익숙한 수조 안에서의 삶과 같다. 잠재의식에게 바다를 볼 수 있게 해주자. 당신은 상처에서 벗어날 수 있다. 바다로 향할 수 있다.

나는 나일 뿐

나에게 집중해야 하는 시간이 왔다. 나를 나로 바라보는 데 최선을 다할 시간이 왔다. 바다새.K는 절망의 늪에 가라앉아 있을 때, 생각했다. '나는 사라져야만 하는 사람이다'라고. 어째서 그런 생각을 한 걸까. 나만 오롯이 존재한다면 '사라져야만 한다'라고 할 수 있는가. 아니다. 다른 사람이라는 존재가 필요하다. 다른 사람들의 기준으로 내가 부족해 보이니깐 쓸모없다고 믿는 거다. 다른 사람을 기준점에 두지 말라. 당신은 당신의 바다를 헤엄치면 된다.

언제까지 남의 시선을 중심부에 두고 살아갈 수는 없다. 당신은 감시당하며 사는 게 아니다. 남 좋으라고 사는 것도 아니다. 남에게 예쁨 받으려고 사는 것도 아니다. 당신의 인생 아닌가. 단 한 번뿐인 삶이지 않은가. 그런데 왜 내 마음의 중심을 타인에게 옮겨가는가. 왜 내가 상처받고 아파하는데 그렇게 눈치 봐야만 하는 건가. 독화살에 맞았으면 그것을 당장 뽑아야 한다. 그런데 왜 이걸 뽑아도 되는지, 아니면 놔두어야 하는지를 다른 사람에게 묻고 있는 건가.

상처를 변화의 기회로 삼아야 한다. 오히려 변화의 기회를 얻었다고 감사해야 한다. 그렇게 믿어야 한다. 그 상처를 계기로 나를 온전히 바라보아야 한다. 가장 중요한 것은 내 상처를 인정해주는 거다. 남에게 상처를 설명하지 말라. 변명하지도 해명하지도 말라. 있는 그대로 그 상처를 인정하고 나를 존중하라. 그게 남의 기준으로 사소하고 하찮아 보여도 내가 상처받았다면 그 사실이 중요한 거다. 이제는 남을 기준으로 자신을 판단하고 평가하는 걸 그만둬야 한다. 왜 나의 삶인데 남의 시선을 가장 중심에 두고 살아가고 있는 건가.

한 남자가 산책 중에 번데기에서 탈피 중인 나비를 발견한다. 그의 눈에 그 나비는 가여웠다. 번데기에서 빠져나오려는 그 과정이 애처롭고 힘겨워 보였다. 그는 선한 마음으로 나비를 도와준다. 나비가 번데기에 쉽게 빠져나올 수 있도록 도와준다. 덕분에 나비는 인간의 도움으로 번데기에서 빠져나와 탈피에 성공한다. 그러나 나비는 얼마 가지 못해 죽어버린다. 스스로의 힘으로 나온 것이 아니기 때문이다. 자신의 번데기는 나만의 몫이다. 그것을 뚫고 나비로 날아오를 것은 내 힘으로 해내야 한다. 자유를 눈앞에 두었던 수조 속의 물고기처럼 내 꼬리로 넓은 바다로 헤엄쳐야 한다.

"당신이 변하면 모든 것이 변한다." 성공철학자 짐론은 말했다. 바다새.K는 술잔을 만지작거리다가 입을 열었다. 예전에는 그토록 자신의 감정을 해명하려던 날들이 있었다. 그 시간의 공백을 보상받기 위해 남이 부러워는 삶에 집착했던 그였다. 그런데 그렇게 위축될 필요는 없었다. 내가 남에게 몹쓸 짓을 한 것도 아니다. 나 자신에게만 몹쓸 짓을 하지 않았던가. "몰라." 바다새.K는 말한다. 그의 잠재의식은 지금 이 삶에 만족스러워하고 있다. 괴로웠던 기억을 힘들게 불러들일 필요는 없었다. 빠져나온 번데기가 그 자리에 잘 있는지 되돌아볼 필요도 없다. 상처를 번데기라고 생각하라. 그리고 고통스럽더라도 빠져나와 반드시 나비가 되라.

단 한 번의 각성과
극적인 변화

각성으로 모든 것이 변할 거라고 믿는 건 환상

바다새.K는 로봇이 나오는 애니메이션을 좋아했다. 그들은 적과 싸운다. 그리고 그 싸움을 통해서 강해졌다. 그러나 적은 더 강해진다. 다 같이 합체를 해야 이길 수 있는데 자꾸 실패한다. 조금 더 두들겨 맞는다. 어쩔 수 없이 동료가 죽는다. 울던 주인공이 갑자기 두 팔을 벌리며 소리를 지른다. 배경이 화려해지면서 변화를 암시한다. 그렇게 순간의 각성으로 강해진다. 합체해서 세지더니 적을 물리친다. 두들겨 맞다가 갑자기 강해져서 두들겨 패는 입장이 된다. 그리고 그 이후에는 합체도 수월하고, 강해진 게 익숙해진다. 적이 더 세지면 어쨌든 그들은 싸우다가 결국 두들겨 패는 입장으로 승리한다.

복수를 중심으로 이뤄지는 영화와 비슷한 전개였다. 행복하게 잘 살던 주인공을 순식간에 불행의 나락으로 떨어뜨린다. 저녁 메뉴로 들고 가는 샌드위치를 뺏는 것이 아니다. 그런 것으로는 각성이 이뤄지지 않는다. 가장 소중하게 여기던 것을 없애버리는 식이다. 주인공

53

의 소중한 사람이 비참하게 죽임을 당하는 정도가 필요하다. 주인공이 각성하고, 복수한다. 비현실적인 이야기이다. 그렇게 비현실적이면서 매혹적인 스토리는 영화에서 끊임없이 반복된다. 우리들의 욕망을 건드린다. 단 한 번의 각성과 찰나에 가까운 시간에 이뤄지는 변화 혹은 변신이라는 욕망 말이다. 환상에 가까운 바로 그 욕망 말이다.

잠재의식을 통하여 나 자신을 바꾸고, 삶을 바꾸는 것은 '탈피'에 가까운 행동이다. 애벌레가 번데기라는 전혀 다른 형태의 모습으로 바뀌는 것을 보라. 그 번데기에서 전혀 상상치도 못하게 아름다운 나비가 탄생한다. 갑자기 변한 사람을 번데기에서 나온 나비로 비유하는 것도 이 때문이다. 그런데 애벌레가 번데기로 변하자마자 바로 나비가 된 걸 본 적이 있는가. 혹은 흙 아래에서 7년간 살던 매미가 갑자기 땅에서 솟구쳐서 날아오르는 것을 본 적이 있는가. 갑작스러운 변신은 없다. 손가락 크기의 곤충들도 애벌레에서 온전한 성체로 변할 때 시간이 필요하다. 하물며 인간은 어떻겠는가. 그 사이에 '시간'이 존재한다. 변신을 하기 위해서는 시간이 필요하다.

나만 그런 게 아니다

바다새.K는 환상이 있었다. 이렇게 지금은 방에 숨어 있다. 그러나 어느 날 갑자기 집 밖으로 나갔을 때 전혀 다른 모습일 거다. 그런 환상에 갇혀 있었다. 마치 부처가 6년간 보리수나무 아래에서 고행을 거친 것과 같다는 환상이었다. 갈비뼈가 드러날 정도의 고행을 겪은 부처처럼 자신도 그렇게 될 수 있다는 환상이었다. 자신의 시간은 보상받을 수 있을 거라 믿었다. 비록 자신의 친구들이 누리는 일상을 누리지 못하지만, 더 큰 보상을 받을 거라 믿었다. 그러나 그때는 알지 못했다. 각성으로 이루어지는 단 한 순간의 변화는 환상이라는 것을. 지금 바다새.K는 혹여나 변신을 위해 세상과 단절하려는 친구가 있으면 말한다. "보통의 일상이 가장 중요해."

당신은 특별한 존재가 맞다. 그리고 남들도 특별하다. 자신을 특별하게 보는 것은 아무 문제가 되지 않는다. 그러나 남들보다 더 특별해야 한다는 압박이 생겼을 때 조금 복잡해진다. 나도 특별하고, 당신도 특별하다라는 편안한 사고방식을 놔두고 우리는 어려운 길로 진입한다.

왜 자신만이 특별하려고 애를 쓰는가. 왜 남보다 조금이라도 더 잘나가길 원하는가. 왜 우위에 서고 싶은가.

단 한 번의 각성으로 지금의 내 모습에서 탈피하는 그런 드라마를 바라는 이유는 무엇인가. 사실은 남보다 특별하다는 욕망을 증명하고 싶어서 그런 게 아닌가. 단 한 번에 이루어지는 변화는 없다. 결심한 번 해냈다고 단번에 목표를 이루는 경우도 없다. 공부하기로 마음먹었어도 자꾸만 딴짓을 하려고 할 것이다. 다이어트를 하려고 해도 자꾸만 고칼로리 간식을 먹고 싶을 것이다. 운동을 해야겠다고 결심해도 자꾸만 누워서 쉬고만 싶을 것이다. 취직을 하겠다고 결심해도 자격증 공부나 자기소개서를 쓰는 것을 자꾸만 미룰 것이다. 우리들

모두가 다 그렇다.

'우리 모두가 다 그렇다'라는 마음이 필요하다. '남들보다 나는 특별하다'의 생각에서 벗어나자. 잠재의식에 관하여 말하고 그 도움을 받아 꿈을 이루는 것만을 말해주길 바라고 있을 것이다. 자꾸만 다른 얘기를 하는 것 같아서 당신은 어리둥절할 수 있다. 그러나 말하지 않았던가. 지금 우리가 세상을 살아가는 믿음은 잠재의식이 7살 이전에 받아들인 사실들이라는 것을. 세상을 보는 관점을 다시 정립해야 한다. '남에게 부러움을 받는 삶'은 행복한 삶이 아니다. 내 마음이 진정으로 원하는 것을 해나가는 것이 행복한 삶이다. 남보다 특별해야 한다는 마음은 결국은 경쟁의식을 불러일으킨다.

생각과 감정은 현실이 된다. 그리고 잠재의식에 각인된 믿음체계는 거울처럼 현실에 비춰준다. 경쟁의식을 잠재의식에 품고 있다. 그렇다면 난 무엇을 끌어당기겠는가. 경쟁이다. 그 경쟁으로 나는 넉넉하고 풍요로운 세상을 보지 못한다. 남들에게서 내 것이 빼앗기지 않도록 날카롭게 살아가야 한다. 그리고 그런 날카로움은 날카로운 현실을 끌어올 것이다. 남들보다 특별해야 한다. 세상은 경쟁이다. 세상의 자원은 한정되어 있다. 내가 가질 것을 남이 빼앗을 수도 있다. 지금까지 우리의 마음(잠재의식)이 얼마나 부담감을 느꼈을지 상상해보라.

단 한 번의 각성을 통한 극적인 변화의 함정을 알길 바란다. 당신은 자신의 시간을 아끼고 싶어서 그런 환상에 있었던 것이 아니다. 당신은 자신이 특별한 존재라는 것을 조금이라도 남에게 증명하고 싶었던 것뿐이다. 왜 그렇게 스스로를 증명하려고 하는지 생각해보자. 스스로가 특별해지고 싶어서 그럴 수 있다. 그러나 그보다는 자신의 존재가 불안하기 때문에 그렇게라도 특별함을 얻고 싶어서이다. 당신은 자신의 존재를 불안해하고 있다. 자신을 믿지 못하고 있다. 결국 잠재의식에게 계속 불안을 주입하고, 불안함을 극대화시키는 것은 결국 당신이다.

특별해야 한다는 생각보다 횟수를 채우자

작가 제임스 클리어는 《아주 작은 습관의 힘》에서 "차이를 만들어내는 것은 횟수다"라고 말한다. 가장 좋아하는 문장이다. 일단 횟수를 채워야 한다. 이 마음으로 특별함에 대한 강박에서 벗어나라. 다른 것은 다 제쳐두고 오로지 '횟수'를 채우겠다는 결심을 하라. 바다새.K에게 변화의 기회를 제공했던 것은 요가였다. 요가를 통해 삶이 바뀌었던 말이 어느 곳에서나 들려왔던 날이었다. 그는 자신도 요가를 통해 극적인 변화를 이루고, 똑같은 말을 하고 싶었다. "제 삶은 바꾼 것은 요가였어요."라는 식으로 특별함의 티켓을 부여받고 싶었다.

동네 요가원을 등록했다. 처음 수업을 듣는다. 그걸로 극적인 변화가 나타났을까? 절대 아니다. 우스운 꼴을 많이 보였다. 자빠지거나 균형을 잃고 굴렀다. 근사한 몸매들의 장기 요가 수련자들을 보면서 매일 자신의 몸과 비교하며 주눅 든다. 유연하고 우아하게 동작을 하는 양옆의 사람과 다르게 낑낑거린다. 위축되고 쭈굴쭈굴해진 마음이 아직도 선명하다. 그렇게 점진적으로 나아졌다. 점진적으로 꾸준히 수업을 나갔고, 구르면서 균형감각을 키웠다. 그리고 번데기에서 나비가 태어나듯이 요가를 통하여 7kg을 감량했고, 어딜 가나 살이 많이 빠졌다는 소리를 들었다. 그리고 요가를 그만두면서 10kg이 다시 쪘다.

이런 식이다. 꾸준히 하면 변화가 생기고, 그 꾸준함을 멈추면 원상복구된다. 얼마나 정직하고도 공평한가. 남들보다 특별한 경험으로 보기에는 턱없이 부족하다. 마음을 완전히 회복했다는 사람이 많은 건 사실이다. 반면 요가가 나를 늪에서 구해주지 않았다. '제 삶을 바꾼 건 요가였어요'의 시나리오는 실패다. 그러나 정말 실패일까. 하나의 동작을 위해 뻣뻣한 몸을 구겼던 나날들을 내가 알고 있는데 실패라고 할 수 있을까. 옆의 수련자와 비교하며 잔뜩 위축되었던 마음을 달래며 운동한 시간을 내가 알고 있다. 실패라고 정의할 필요도 없다.

'요가가 내 삶을 바꾸었다'는 아니지만, 바꾸었던 삶의 과정은 확실하다. 그 시간의 과정이 없었다면 나는 지금의 나를 만나지 못했을 것이다. 요가원을 다니는 횟수를 채웠다. 집에서 홀로 요가를 하는 횟수를 채웠다. 결국에는 횟수가 변화를 만들어 낸다. 변화를 바란다면 어떤 것을 해야 할지 정하자. 그리고 그것의 횟수를 채우자고 마음을 먹자. 처음의 서투름을 너그럽게 받아주며 횟수를 채워라. 다른 건 잊어버리고 횟수만 채운다는 생각을 하라. 특별함에 대한 강박을 내려놓아라. 아니, 완전히 잊어버려라. 잠재의식의 힘도 역시 횟수라는 것을 기억하라. 생각과 감정의 힘으로 현실을 만드는 것도 횟수라고 우선은 생각하자.

　일상이 가장 중요하다. 당신이 사람들 틈 사이에서 살아가는 그 보통의 일상이 가장 중요하다. 그 보통의 일상 안에서 횟수를 채워나가라. 횟수를 채우며 변화되는 나를 온전히 누려라.

나를 그렇게 낮은 사람 취급해서
만족스러우신가

'나는 안 되겠다.'라는 생각이 그와 같은 현실을 끌어온다

바다새.K는 손을 가만히 있지 못하며 정장을 만지작거렸다. 옷차림이 중요하다고 하지만 실상 중요한 것은 태도다. 정장을 입었어도 태도에 자신감이 빠져 있으면, 불편함만 드러난다. 바다새.K는 옷매무새만 계속 정리했다. 그렇게 허리를 세우고 다른 면접 지원자들과 어색한 침묵을 이어가며 초조함을 감췄다. 문이 열렸다. 면접 지원자와 같은 3명의 면접관이 그들의 앞에 앉았다. 목구멍에서 불편함이 느껴지고 침이 마르는 것 같다. 어차피 할 거면 먼저 후다닥 해치워버리는 게 나은 거라고 각오했다. 그러나 질문은 그의 반대편에 있는 사람부터 시작되었다. 바다새.K는 자연스럽게 마지막 순서가 되었다.

두 사람의 자기소개가 시작된다. 너무나 열심히 살아온 두 사람이었다. 정말로 대단한 경험들을 겪고 온 두 사람이었다. 바다새.K는 태어나서 그렇게 말을 잘하는 사람을 본 적이 없었다. 면접관들의 날카로운 질문이 이어진다. 그들은 막힘없이 대답한다. 그렇게 순발력이 좋은 사람을 본 적이 없다고 그는 생각했다. 그만큼 그들은 준비를 더 많이 했던 거다. 그리고 그와 상반되게 그는 아무런 준비를 하지 않았다. 바다새.K는 자신이 무슨 말을 하는지 알지 못했다. 이미 앞에 있는 두 사람의 살아온 인생과 비교하여 자신은 형편없다는 생각만 할 뿐이었다. 게임은 시작하기도 전에 끝나 있었다. 바다새.K는 이미 '나는 안 되겠다'라는 생각을 했다.

'안 되겠다' 이미 그 생각이 든 순간 게임오버이다. 정확하게는 그 생각이 들었는데 아무런 조치도 하지 않았으니 끝난 거다. 내가 끝을 낸 거다. 잠재의식에게 '안 되겠다'라는 현재의식의 생각이 전달되었다. 잠재의식은 그 '안 되겠다'에 따라 좌절감과 자신감 상실의 감정을 느낀다. 살아온 인생이 후회되고 그렇게 살아온 자신이 원망스럽다라는 생각이 면접실에 끌려온다. 회사에 지원서를 냈고 면접 일정이 잡혔다. 그 말은 당신을 보고 싶다라는 전제가 깔려 있는 것이다. 서류와 자기소개서로 당신을 알았지만 어쨌든 그들은 같이 일할 사람이 필요하다. 그 전제하에 일단 당신을 만나보고 싶다라는 생각으로 면접이 잡힌 거다.

바다새.K는 면접 지원비를 받고 몇 시간이고 걸었다. 자기 자신을 전혀 드러내지 못했다. 내가 살아온 시간을 드러내는 게 아니라 해명하는 시간 같았다. 회고하는 기자회견의 자리가 아닌데 잘못을 한 사람처럼 어깨를 축 늘어뜨리고 있었다. 무엇이 문제였을까. 아니, 문제는 간단했다. 나는 자신을 지나치게 과소평가했다. 내 인생을 지나치게 저평가했다. 자기 자신을 지나치게 낮추어버렸다. 인자한 인상을 가졌던 면접관의 눈이 차갑게 변한 게 떠오른다. 마치 '얘는 절대 안 되겠다'라고 말하는 눈 같았다. 그리고 이것은 당연히 내 생각이다. 또다시 내 생각이 나를 갉아먹으려는 반복으로 돌아가려고 하고 있다.

이런 자신의 모습에 실망할 필요는 없다. 나의 잠재의식은 의기소침한 마음에 오랫동안 길들여 있다. 뒷마당에 목줄로 묶여 있는 개처럼 정해진 행동반경에만 맴돌아 왔다. 그나마 잠재의식의 무한한 가능성을 알고 난 후로 조금씩 그 목줄을 풀며 반경을 넓혀 왔다. 목줄이 완전히 풀려 자유를 얻은 것이 아니다. 사고의 반경이 조금 확장된 것뿐이다. 얼마든지 습관적으로 더 짧은 목줄에 묶여 있던 나로돌아갈 수 있다. 당장 해야 할 일은 실망할 것이 아니라 나를 이해하는 것이다. 위에서 말한 꾸준함을 기억하는가. 목줄의 범위가 넓어졌다고 단번에 변화가 이루어지지 않는다. 그 변화를 이루고, 유지시키기 위해서는 횟수를 반복해야 한다.

바다새.K는 면접지원비를 들고 무엇을 할지 고민했다. 꽃집으로 향했다. 가장 향이 좋은 꽃다발을 골랐다. 그는 스스로에게 꽃을 선물하고 싶었다. 내가 살아온 인생을 그렇게 저평가하지 않아도 괜찮다고 위로해주고 싶었다. 다른 사람과의 습관적으로 하는 비교로 내인생을 하찮은 거라고 보고 있다. 여전히 자신은 부족한 사람이라는 믿음이 실려 있었다. 그는 그 순간의 마음을 기억했다. 앞으로 지금의 마음 상태는 기준점으로 삼기로 했다. 생생하게 느낀 그 자신감이 상실된 상태를 기준으로 잡기로 했다. 그리고 절대로 밑으로 내려가지 않기로 결심했다.

자신을 과소평가하는 습관은 그와 같은 현실을 끌어당긴다

같은 인생을 살아도 평가하는 방식은 다 다르다. 같은 일상을 겪어도 어떻게 평가하는지 다른 것과 같다. 사실은 평가하지 않는 것이 가장 좋지만 당장 시작하기에는 무리가 있다. 그렇다면 그 평가를 조금이라도 나에게 유리하게 하는 것이 중요하다. 우리는 어차피 살아가는 일상과 하는 일에서 끊임없이 평가하고 있다. 자신이 잘했고, 못했고를 평가한다. 너무 순식간에 지나치는 일이라 평가했다는 사실을 자각하지 못하는 경우가 대부분이다. 신호를 코앞에서 놓친다. "아, 이걸 못 받네"라는 평가를 내린다. 고지서 납부기한일을 잊어버린다. "아, 또 잊어 버렸어." 평가와 함께 순식간에 나를 깎아내린다.

우리는 절대로 있는 그대로 현실을 보지 않는다. 나의 잣대로 평가한다. 그런데 그 잣대가 〈스스로를 과소평가하는 것〉에 초점이 맞춰져 있다면 바꿔야 한다. 그럴 바에는 아예 평가를 하지 말자고 결심해야 한다. 그런 식의 과소평가가 내 삶에 얼마나 악영향을 미칠지 알아야 한다.

과소평가하는 것은 결국은 내가 '~할 자격이 없다'는 것을 의미한다. 나는 사랑받을 자격이 없다고 생각할 것이다. 나는 괜찮은 일자리를 얻을 자격이 없다고 생각할 것이다. 그렇게 스스로를 과소평가하는 생각과 잠재의식은 나를 더 낮추게 하는 인생의 중심으로 밀어 넣을 것이다.

생각과 감정은 현실이 된다. 그 생각과 감정이 만든 이 현실은 모두 내 책임이다. 나를 낮추면 나를 낮추는 사람들을 더 많이 마주할 것이다. 나를 낮추면 나를 낮추는 환경 속에 놓이게 될 것이다. 자신을 그렇게 과소평가해서 얻는 것이 아무것도 없다. 다른 사람이 그런 모습을 보고 "어머, 그렇게 자신을 낮추시다니. 몹시 겸손하시네요"라고 칭찬해주는 것도 아니다. 결국 당신이 자기 자신을 낮추고, 저평가하는 것을 잘 살펴보라. 그렇게 저자세로 행동하는 것이 다른 사람들에게 더 사랑받고자 하는 행동이지는 않은가.

하이에나 무리에서 우두머리는 단 한 마리이다. 호시탐탐 그 자리를 노리는 2인자 하이에나가 있을 것이다. 그리고 애초에 우두머리가 될 수 없다는 생각을 하는 하이에나도 있을 것이다. 당신은 애초에 우두머리가 될 수 없다고 판단한 그 하이에나와 같은 마음을 가진 건 아닌가. 어차피 우두머리가 될 수 없다면, 자신의 충성심으로 무리 중에 우두머리의 신뢰라도 얻자고.

생존 전략의 일부이므로 뭐라 할 이유는 없다. 다만 묻고 싶다. 내가 아닌 다른 이에게 신뢰와 사랑을 얻기 위한 그 태도가 정말 자신이 원하는 것인가. 생존전략은 전략으로 활용하면 된다. 군이 자신을 과소평가하고 저평가할 필요가 있는가. 군이 왜 내면까지 왜소하게 만드는가.

나를 낮추면 잠재의식이 그대로 받아들여 같은 현실을 끌어당긴다

연인과의 이별로 바다새.K는 자신을 망치려고 한다. 슬픔보다 자책이 앞서 있다. 자신은 그렇게 망가져야 할 정도로 쓸모없다고 믿고 있던 날이 있었다. 나그네비둘기.H가 도대체 뭐 하는 거냐고 묻는다. 모든 게 다 내 잘못이라고 그는 대답한다. "왜 다 네 잘못이야?" 되묻는다. 가수 혁오의 〈위잉위잉〉의 가사 "내 모습 너무 초라해서 정말 죄송하죠."로 대답을 한다. 나그네비둘기.H가 그를 물끄러미 바라본다. "자신을 그렇게 취급하면 좋아? 만족스러워?" "넌 사실 상대를 탓하고 있는 거야. 피해자인 척 구는 거야." "자신을 비참하게 만드는 게 진짜로 누구라고 생각해?"

당신은 어떤가. 스스로를 그렇게 낮게 취급하면 만족스러운가. 왜 당신이 그런 취급을 받아야 하는가. 그렇게 과소평가 당해도 된다고 왜 허락하는가. 자신을 낮추는 것이 습관화되게 두지 말라. 내가 어느 순간에 자신을 낮추는지 지켜보라. 그리고 그 사실을 발견했을 경우 자책은 하지 말고 알아차려라. 변화는 거기서부터 시작될 수 있다. 나를 부족한 사람이라고 보면 내 순수한 잠재의식은 그것을 진짜로 믿어버린다. 내가 얼마나 부족한 사람인지 그 감정을 느낄 만한 일들을 더 많이 나에게 가져다줄 거다. 같은 경험을 겪어도 얼마든지 다르게 반응할 수 있다. 굳이 이제의 습관대로 똑같이 자신을 저평가하는 반응을 하지 않아도 괜찮다.

바다새.K는 노트를 펼쳤다. 나카시마 테츠야 감독의 영화 〈혐오

스런 마츠코의 일생〉에서 주인공 마츠코는 이런 대사를 한다. "태어나서 죄송합니다." 세상에서 가장 슬픈 대사라고 생각한다. 사랑받고 싶었던 마츠코는 그 대사를 했던 그녀의 일생을 보고 있노라면 가슴이 먹먹해진다. 어쩌면 마츠코의 그 말을 스스로에게 하고 있었는지도 모른다. 나의 잠재의식에 태어나서 미안하다라고 말해 왔는지도 모른다. 세상에 그렇게 말해 왔는지도 모른다. 내가 얼마나 그 마음에 상처를 받았을 건지 생각해본 적이 있는가. 절대로 그런 말을 하지 말자. 나를 지키기에도 바쁜데 그렇게 스스로의 잠재의식에 독을 붓지 말자.

바다새.K는 한숨을 내쉬었다. 그 대사를 작게 따라해 보다가 음악을 틀었다. 레이디 가가의 〈Born this way〉의 멜로디가 흘러나온다. 가가의 말이 맞다. 우리는 모두 슈퍼스타로 태어난다(We are all born superstars). 당신은 맞는 길로 향하고 있다(I'm on the right track baby I was born this way). 그러므로 그녀의 말처럼 끌려다니지 말고 여왕이 되자(Don't be a drag, just be a queen). 너무 부담스럽다고? 그러면 적어도 자신을 낮추는 습관이 꿈틀거릴 때, 〈Born this way〉를 듣자. 당신은 당신 자신을 그렇게 취급해서는 안 된다.

chapter 2

변화를 위해
왼쪽발 내딛기

변화의 열쇠는 나

억눌리고 외면받는 감정,
상처받은 잠재의식

억눌린 감정은 현실에
부작용처럼 나타난다

잠재의식에 기억된 공포의 기억은 내 삶에 영향을 미친다

바다새.K의 어린 시절은 학교에 돌아온 후 잠시 TV를 보다가 학원을 가는 게 일과였다. 그날도 그는 집으로 돌아와 무거운 책가방을 내려놓고 TV를 본다. 그의 부모는 맞벌이여서 집에는 아무도 없다. 만화 영화 〈슈퍼맨〉이 나오고 있었다. TV 앞에서 넋을 잃고 있는데 초인종이 울린다. 누구세요, 묻기 위해 인터폰 화면을 보는데 바다새.K가 본 적 없는 광경이 보인다. 양복을 입은 10명 남짓한 성인 남자들이 그의 집 앞에 서 있다. 초인종을 누르고 문이 열리길 기다리고 있다.

바다새.K는 9살이었다. 친구와 가족 앞에서는 말괄량이였지만 낯선 사람 앞에서는 겁을 먹는 소심한 성격이었다. 그 모습을 보고 바다새.K는 안방으로 들어가 이불 속에 몸을 감춘다. 초인종이 계속 울린다. 현관을 두드리는 소리가 마치 심장을 때리는 것처럼 공포스럽다. 이렇게 숨어서는 아무것도 안 될 거라는 생각에 바다새.K는 이불 밖으로 나온다. 엄마에게 전화해야겠다는 생각이 들어서였다. 다시 거실로 나가는 찰나 바다새.K는 현관 아래에서 막대기가 쑥 들어오는 것을 본다. 현관에 뚫려 있던 우유 투입구에 그들이 막대기를 넣어 잠긴 문을 열고 있었다. 아직도 바다새.K는 현관으로 달려가서 그 막대기를 뺏지 못한 게 후회스럽다.

그들이 그 도구로 문을 열었다. 바다새.K가 현관을 보고 우두커니 서 있을 때 문이 열린다. 안전하다고 믿었던 그 현관이 열린다. 양복을 입은 10명의 남성들이 우르르 집안으로 들어왔다. 그들 중 하나가 바다새.K를 다그친다. 왜 문을 열지 않았냐고 화를 낸다. 그들은 모두 건장했고 모여 있으니 위협적이었다. 일사불란하게 다들 드라마에서만 보았던 빨간 딱지를 집 안 곳곳에 붙인다. 다시 이불 속으로 숨고 싶었지만 바다새.K는 그들이 들어왔던 바로 그 자리에 굳어 있었다. TV에는 슈퍼맨이 악당을 물리치고 하늘을 날고 있었다.

바다새.K는 연인으로부터 왜 자신을 믿지 못하는지에 대한 얘기를 반복해서 들어온다. 아니면 그는 완전히 신뢰의 관계로 넘어갈 즈음에 의도적으로 관계를 망쳐버린다. 스스로를 비참하게 만들거나 상대를 비참하게 만든다. 왜 문을 열지 않았냐고 다그쳤던 낯선 남자의 말과 표정이 연인들의 얼굴에서 겹친다. 자신의 집을 지키지 못한 자신에 대한 원망이 기억난다. 양복을 입었던 그 성인 남성들에 대한 공포가 기억난다. 바다새.K는 이 공포를 잠재의식에 새겨놓았다. 다른 사람을 믿지 못하고, 양복을 입은 남성들을 보면 그 기억을 떠올린다. 우리에게는 저마다 공포스러운 기억이 있다. 그 기억을 붙잡고 있으면 내 삶은 일그러진다.

어떤 식으로 삶에 영향을 미칠지 아무도 모른다. 바다새.K처럼 성인 남자에 대한 불신이 잠재되어 있을 수도 있다. 그 불신은 연인에 대한 불신으로 이어질 수도 있다. 검은 양복을 입었던 집단에 대한 공포가 조직 사회에 대한 공포로 이어질 수도 있다. 바다새.K는 양복을 입은 직장에 들어갈 것을 애초에 꿈도 꾸지 않았다. 원인을 알지 못하면 그저 난 사랑받기 힘든 사람이구나라는 생각으로 절망할 수 있다. 나는 조직 사회에 적응 못하는 사람이구나라고 자신을 미리 한정 지을 수도 있다. 자각하지 못한다면 삶은 그대로 흘러갈 것이다.

감정을 억누르고 외면하면, 후유증은 현실에서 발생한다

원하는 현실을 만나기 위해서는 잠재의식의 힘을 활용해야 한다. 생각과 감정은 현실이 된다. 생각은 자석이라서 우리의 생각이 지금 나를 둘러싼 모든 것들을 끌어당긴다. 생각만이 자석이 아니라 나의 감정도 역시 자석이다. 이제 우리는 '생각과 감정은 자석이다'라는 말을 기억해야 한다. 감정이 바로 잠재의식과 연결되어 있는 부분이다. 이 감정을 활용할 줄 알아야 잠재의식의 힘으로 내 꿈을 이룰 수가 있다.

이런 '감정'을 우린 어떻게 대해 왔던가. 어떤 감정이 현재의식으로 올라오면, "어머, 무슨 일이니?" 하고 상냥하게 물었던가. 아니면 그저 익숙하게 지나쳐버리거나 억누르기 바빴던가. 대부분 억눌러왔을 것이다. 좋은 감정을 시간을 들여 음미하지도 않았을 것이다. 나쁜 감정을 상냥하게 달래주지도 않았을 것이다. 그저 자신을 다그치면서 "참아야 한다"라는 말로 이성적인 척만 해왔을 것이다. 빙산의 일각인 현재의식은 그런 상황을 이해했을 것이다. 그러나 바다에 잠겨 있는 거대한 빙산 부분인 잠재의식은 어떨까. 그 해소되지 못한 감정은 어디로 갔을까. 고스란히 거대한 정보 저장 능력을 가진 잠재의식에 저장되었을 거다.

생각의 영역인 현재의식과 감정의 영역인 잠재의식이 함께 손을 맞잡아야 한다. 그런데 우리는 일상에서 그 둘을 대치시킨다. "내 마음 나도 모르겠어. 너무 우울해"라는 말을 보자. 원인이 없는 감정은 없다. 콩 심은 곳에는 반드시 콩이 난다. 갑자기 튀어 나와 나를 힘들게 하는 감정은 없다. 그 감정에는 반드시 원인이 있다. 우리는 감정에 솔직한 방법이 옳다고 배운 적이 없을 뿐이다. "좋다"를 너무 표현하면 경솔하다거나 겸손하지 못하다고 한다. "싫다"를 표현하면 어른스럽지 못하다거나 이기적이라고 말한다. 결국 내 마음 나도 모르는 상황에 이르게 된다. 내 감정이 올라와도 '내가 갑자기 왜 이러지' 하고 억누르며 외면하기 바쁘다.

내 감정을 진솔하게 들여다보는 습관을 들여야 한다. 내 감정 나도 모르겠다는 무책임한 말을 이제 하지 않겠다고 결심하라. 당신은 당신의 감정에 대해서 책임을 질 줄 알아야 한다. 원하는 현실을 만나기 위해서는 반드시 감정에 대한 책임을 가져야 한다. 당신이 꿈꾸는 현실이 있다. 지금 당신이 가지지 못한 것을 가지고 있는 현실일 수도 있다. 당신이 지금 이루지 못하고 있는 것을 편하게 즐기고 있는 현실일 수도 있다. 잠재의식의 힘으로 꿈을 이루기 위해서는 반드시 '감정'을 활용해야 한다. 내가 원하는 것을 가지고, 누리고 있는 미래 현실의 그 '감정'을 느껴야 한다. 원하는 현실에 도달했을 때의 기쁨을 지금 누려야 한다.

20세기의 최고 신화 해설가인 조지프 캠벨은 "당신의 내면 깊은 곳에서 솟아나는 기쁨을 따르라"라고 말했다. 기쁜 감정을 누리는 것이 핵심이다. 원하는 미래에 도달했을 때의 '감정'을 생생하게 느끼고, 그 기쁨을 여러 번 반복하는 것이다. 소망이 성취되었을 때의 짜릿한 감정. 기쁨의 정점에 다다른 그 감정을 지금 바로 여기에서 여러 번 반복해야 한다. 사랑을 원한다면 사랑하는 사람과의 함께하는 순간의 감정을 반복해서 만끽하라. 원하는 몸매가 있다면 그 몸으로 일상을 살아갈 때의 자신감 있는 태도와 감정을 반복하라. 이뤄내지 못할까봐 느끼는 불안함에 주의하라. 그것이 현실이 될 수 있다. 반드시 이뤄졌을 때의 감정에만 집중하라.

같은 호수 위의 오리지만 달라진 나의 시선

공기 안에 바늘들이 숨겨져 있는 것처럼 바람이 살을 스칠 때마다 아팠다. 추운 날이었다. 두 사람은 호수 공원을 산책하고 있다. 그는 이 호수에 오리가 있다고 했다. 바다새.K는 두리번거리며 오리를 찾는다. "지금은 없고 날이 따뜻해지면 나타나." 그는 말한다. 바다새.K는 이곳이 아닌 다른 도시에 살고, 그 도시에서 일하고 있었다. 그 일 외에 당장 할 수 있는 일도 없었다. 그럼에도 불구하고 이곳으로 오고 싶다는 마음이 생겼다. 이 호수 근처에서 살고 싶다는 소망이 생겼다. 자신의 도시로 되돌아간 후, 매일 그 호수의 오리를 상상했다.

1년의 시간이 지났다. 정확하게는 8개월의 시간이었다. 바다새.K는 그 호수에서 멀지 않은 곳에 산다. 원래의 일을 그만두고 전혀 해보지 않은 일을 하고 있다. 바다새.K는 산책을 한다. 1년 전에는 그렇게 낯설어서 경계심을 품고 걸었던 그 길을 똑같이 걷는다. 그때와 다르게 그는 완전히 다른 사람 같아 보인다. 모두가 안 된다고 말하던 바로 그 모습이었다. 오리는 정말로 있었다. 바다새.K는 오리를 바라보았다. 1년 전, 그 오리를 상상하며 보았을 때의 감정이 지금 현실에서 재생되고 있었다. 미래의 감정을 1년 전에 끌어다 쓴 셈이다. 생각했던 것보다 훨씬 더 근사한 풍경이 현실에 있다. 감정은 현실에 반드시 나타난다.

잠재의식의 힘을 아는 것은 자신에 대해 알아가는 과정이다. 내 마음 깊숙하게 잠재되어 있는 좋지 않은 기억을 종종 만나야 할 때도 있다. 그러나 그 기억을 풀어주지 않으면 잠재의식은 그것을 영원히 안고 갈 것이다. 그리고 내 삶에 반드시 영향을 미치게 된다. 바다새.K는 9살에 자신의 현관이 열리게 두었다는 무기력함을 안고 있었다. 성인 남성들에 대한 공포심과 무력감을 가지고 있었다. 그 잠재된 공포는 자신뿐만 아니라 애꿎은 사람들을 힘들게 했다. 자신을 아프게 했던 기억을 억지로 마주할 필요는 없다. 다만 그 기억으로 현실이 어떻게 왜곡되었는지만 파악하라. 그 사실만 알아도 충분하다. 자신의 아픈 기억을 방치하지만 말라.

내가 나를 보는 시선을
누가 지켜주지?

낮은 자아 이미지를 가지면
그것이 현실이 된다

나는 나를 긍정적으로 보는가, 부정적으로 보는가

맥스웰 몰츠 박사는 성형외과 의사였다. 그는 외모 콤플렉스가 있는 사람들을 성형 수술해주며 환자들에게 새로운 얼굴을 준다. 그런데 이상할 일이었다. 환자들의 마음 상태가 모두 변한 것이 아니었다. 자신을 괴롭히던 외모 콤플렉스가 사라졌지만 그들은 행복해하지 않았다. 성형 후에도 어떤 사람들은 여전히 외모 콤플렉스에 갇히는 것을 보고 의문에 빠진다. 그는 외모보다 자신이 가진 자아 이미지가 중요하다는 것을 알게 되고 그것을 연구하여 《사이코사이버네틱스》라는 책을 낸다. 외모의 변화가 나를 변화시키는 것이 아니다. 성공과 실패는 자아 이미지에 의해 좌우된다고 그는 말한다.

당신은 자신을 어떻게 보고 있는가. 당신의 자아 이미지는 어떻게 되어 있는가. 질문의 범위가 넓다면 단순하게 묻고 싶다. 당신은 당신을 긍정적으로 보는가, 아니면 부정적으로 보는가.

자아 이미지는 순전히 주관적인 거다. 그리고 믿음과 연관이 있는 부분이다. 내가 나를 어떻게 보는가는 결국 내가 나를 어떤 사람으로 믿고 있는가에 관한 것이다. 당신은 자신을 성공 가능성이 충분한 사람이라고 믿고 있는가. 지금의 모습과 현실에 만족한다면 상관없다. 그런데 만약 불만족스러운 상황이라면 왜 자신을 그곳에 머무르게 방치하는가. 왜 그 범위 안에서 나를 넣어두고 방관하고 있는가.

에비 콘, 마크 실버스테인 감독의 영화 〈I FEEL PREETY〉가 있다. 주인공 르네는 패션 센스와 사랑스러움을 겸비했다. 그러나 그녀는 자신을 뚱뚱하고 못생긴 사람으로 여긴다. 늘 완벽한 외모를 가진 여성들을 부러워한다. 그런 그녀는 살을 빼기 위해 찾은 스피닝 클럽에서 머리를 심하게 다치는 사고를 당한다. 머리를 다친 후 그녀는 자신의 모습을 완벽한 모습으로 보게 된다. 혼자만 마법이 이뤄졌다고 착각한다. 여전히 자신은 그 모습 그대로인데 머리를 다치고 스스로를 예쁘게 보는 것이다. 그 후 그녀의 태도는 당당함 그 자체이다. 아름다운 외모를 가지게 되었으니 자신감이 넘쳐난다. 이전과 전혀 다른 태로를 가지게 된 것이다.

외모가 변한 것이 아니다. 변한 것은 내가 나를 보는 시각만이 변한 거다. 그런데도 그녀의 태도는 이전과는 완전히 다르다. 당당하고 떳떳하고 자신감 넘친다. 그런 삶이 궁금하지 않은가. 지금까지 어깨를 움츠린 채 살아오지 않았던가. 완전히 다른 삶이 궁금하지 않은가. 자신감이 넘칠 때의 일상을 상상해보라. 마치 이 무대가 나를 위해 만들어진 세상 같다는 착각을 하는 그 느낌을 상상해보자. 사람들의 행동들에 호의가 담겨 있다고 느껴지는 그 기분을 상상해보라. 그 감정을 잠재의식이 익숙해질 정도로 반복해보라.

콤플렉스가 없는 사람은 세상 어디에도 없다

억울하지 않은가. 오랫동안 나의 자아 이미지가 콤플렉스를 기반으로 형성된 것이 슬프지 않은가. 콤플렉스를 가지고 있지 않은 사람은 세상 어디에도 없다. 내 기준으로 완벽해 보이는 모습을 가진 가까운 지인에게 물어봐라. 말하지 않았을 뿐이지 그도 콤플렉스를 가지고 있다. 그런데 반드시 알아야 하는 부분이 있다. 콤플렉스는 반드시 남과의 비교에서 시작된다는 점이다. 어린 시절을 떠올려보라. 당신은 자기의 외모를 친구와 비교했는가. 아니다. 정확하게 자아 이미지가 생기는 시점부터일 것이다. 내 눈, 코, 입은 어떤 비교 대상이 있어서 그 기준에 비해 부족하고 못났다고 생각하는 거다. 몸매도 마찬가지다.

우리는 이미지로 가득한 세상에서 살아가고 있다. 광고는 점점 더 넘쳐나며 사람들을 유혹하고 자극한다. 우리도 SNS를 통해 사진들로 자신을 드러낸다. 자신의 결점을 철저하게 감출 수 있는 세상이다. 그러나 동시에 나 빼고 모든 사람이 완벽하다는 함정에 빠져 착각하기 쉽다. 흠 하나 없이 완벽한 피부와 몸매, 얼굴을 가진 사람들이 TV와 영화에서만 등장했었다. 그러나 이제는 스마트폰을 열기만 하면 비연예인들도 완벽한 모습으로 등장한다.

난 그들만큼 늘씬하지 않다. 난 그들만큼 큰 눈과 오똑한 코를 가지고 있지 않다. 난 그들만큼 흠 하나 없는 피부를 가지고 있지 않다. 난 그들만큼 풍성하고 부드러운 머리카락을 가지고 있지 않다. 현명하게 그 이미지 한 장을 완벽하게 만들기 위해 들여진 노력을 알고 있다면 상관없다. 그러나 만약 낮은 자아 이미지에 더 타격을 입게 놔둔다면 문제가 생긴다. 비교가 시작된다. 내 콤플렉스를 부각한다. 매력이라는 것이 주관적인 것임에도 스스로의 가치를 깎아내리기만 한다. 내가 나를 바라보는 자기 이미지가 바닥을 길 정도로 낮아져 버린다.

바다새.K는 사람들이 무서웠다. 사람들이 자신을 비난하는 것만 같았다. 그냥 아무 생각 없이 보는 것뿐인데 그를 한심하게 보고 있다고 생각했다. 아무리 가까운 사람들이 절대 아니라고 말해도 소용없었다. 왜 그는 자신을 그렇게 믿어버리게 된 것일까. 어쩌면 실제로 비난에 가까운 시선을 받았을 수도 있다. 그런데 왜 그 순간 자기 자신을 지키지 못했을까. 그것은 나는 비난받아도 상관없는 사람, 비난받아 마땅한 사람이라는 자아 이미지가 심어져 있었기 때문이다. 만약 이 생각이 계속 이어진다고 상상해보라. 생각과 감정은 현실이 된다. 낮은 자아 이미지를 바탕에 둔 생각이 현실이 된다. 어긋난 자아 이미지에서 나온 감정은 현실이 된다.

바다새.K는 자아 이미지를 바꾸는 데 온 힘을 쏟아부었다. 자신이 어떻게 생각하는지 관찰했다. 참혹할 수준이었다. '나는 말을 잘못해.' '나는 사람들 많은 곳은 못가.' '나는 새로운 것을 도전하면 스트레스받아.' '나는 사람들이랑 어울리는 게 싫어.' 등등. 스스로를 작은 마음에 가두는 것은 결국 자신인 셈이었다. 낮은 자아 이미지를 기반으로 순식간에 나에 대한 평가가 올라올 때 물어야 한다. "왜 그렇게 생각해?"라고 자신에게 물어야 한다. 노트를 펼쳐라. 내가 나를 왜 그렇게 평가했는지, 진솔하게 묻고 그 이유를 찾아라.

'나는 말을 잘못해.'를 보자. 바다새.K는 사람들이 무섭다는 이유로 사람과의 교류를 피했다. 당연히 대화의 기회가 줄어든다. 교류가 준 만큼 관심의 범위도 오로지 자신이 아는 곳으로 축소될 것이다. 세계관이 협소해지는 거다. 몇 번의 대화가 있었을 것이다. 무슨 말을 해야 할지 도저히 감을 못 잡았을 것이다. 혹은 말을 몇 번 버벅거렸을 거다. 사람들과의 대화가 단절되어 버리는 민망한 상황을 겪는다. 그리고 자신감을 잃는다. 잠재의식에 '나는 말을 잘못해.'라는 자아 이미지를 새겨 넣었을 거다. 화술(話術)은 결국 기술이다. 내가 말을 못 한다, 여기면 배우면 되는 거다. 그렇게 자아 이미지에 잘못된 오류를 입력할 시간에 배우면 되었다.

나를 지킬 사람은 나밖에 없다

자아 이미지를 바꾸지 않고 그대로 둔다면 삶은 변화하지 않을 것이다. 내가 가진 자아 이미지를 중심으로 만들어진 생각과 감정이 현실에 나타날 것이다. 바다새.K는 낮은 자존감을 가졌을 때 많은 사람에게 공격에 가까운 지적을 받았다. 몸매에 대한 지적이 반복되었다. 부족한 능력에 대한 상처 주는 말들이 계속 들어왔다. 엄청난 상처다. 그러나 상처를 받기 전에 스스로를 지켰어야 했다. 상대의 말에 "그만"이라고 말하며, 끊어내는 용기가 필요하다. 끊어내야 한다. 당신의 왜곡되고 위축된 자아 이미지를 잠재의식에서 분리시켜라. 끊어내라. 당신은 그렇게 남에게 말도 안 되는 부분을 공격받고 상처받으라고 태어난 게 아니다.

당신의 외모를 지적하는 사람이 있으면 말하라. "나도 당신의 외모를 지적할 수 있어요. 내가 못해서 안 하는 게 아니에요"라고 말하라. 당신에게 민망함을 주며 상처를 주는 사람에게도 말하라. "나도 당신을 똑같이 민망하게 만들 수 있어요. 내가 못해서 안 그러는 게 아니에요"라고. 처음부터 잘 이뤄지면 좋겠지만, 모든 일에는 과도기가 있다. 이 과정에서 아마 더 큰 상처를 받을 수 있다. 이런 상황이 두렵다면 속으로라도 반드시 말하라. '우리가 못해서 남의 콤플렉스를 건들지 않는 게 아니지 않은가.' 그리고 같은 말을 스스로에게도 분명히 말하라. 아무리 당신이라도 자신을 그렇게 왜곡시켜서는 안 된다.

당신이 스스로를 지키지 못하면, 당신을 아프게 하는 현실에 계속 찾아올 것이다. 당신을 아프게 한 생각과 감정을 끌어 당겨올 것이다. 나의 위축된 생각과 감정을 외부로 드러낸 현실을 거울처럼 비취줄 것이다. 자신의 자아 이미지를 높여라. 세상에 퍼져 있는 이미지에 자신이 맞지 않는다는 착각에서 벗어나라. 당신을 부족한 사람 취급하는 그 함정에 빠지지 말아라. 맥스웰 몰츠 박사는 "우리 스스로 자아 이미지를 책임지고 재구성하면서 자신의 행동을 변화시킬 수 있다"라고 말한다. 더 이상 위축된 생각과 감정에 나를 방치하지 말자. 스스로를 어여쁜 시선으로 보는 연습을 하자. 자신을 예쁘다고 느끼는(feel preety) 연습을 하자.

나무가 아닌 숲을 꼭 볼 필요는 없다

학습받은 것과
다른 삶의 방식을 선택해도 괜찮다

"위험해" "뛰지 마" "하지 마" "안 돼"

세포생물학자 브루스 립튼 박사는 말한다. 7살 이전의 우리와 성인인 지금의 뇌는 다르다. 우리의 7살 이전의 뇌는 최면에 빠진 것과 같은 상태이다. 평상시에도 현재의식이 아닌 잠재의식의 상태인 셈이다. 반대로 성인인 우리는 최면에 빠지거나 얕은 잠에 빠져야만 현재의식이 잠시 활동을 멈춘다. 잠재의식의 상태로 활동하는 아이들은 주변의 정보를 무서운 속도로 흡수한다. 우리는 인간 아이지만 갓 태어난 아기 가젤과 같다. 생존을 위해, 그리고 환경에 적응하기 위해 주변의 정보를 빨리 흡수해야 한다. 옳고 그름을 판단할 겨를이 없다. 모든 생명체와 마찬가지로 우리들에게도 생존이 최우선이다.

들려오는 말들을 의심하지 않는다. 흡수하는 정보들을 걸러서 들지도 않는다. 어린아이들에게 뭐가 되고 싶냐고 물어보면 소방차가 되고 싶다고 말하기도 한다. 무궁무진한 상상력으로 일상을 지낸다. 그들에게 안 되는 것은 없다. 모든 것이 가능하다. 그런데 그런 아이가 갑자기 초등학교에 들어가면서 아나운서가 되고 싶다고 말한다.

2018년 교육부와 한국직업능력개발원에서 초등학생들을 대상으로 미래의 장래희망을 묻는 설문조사가 진행되었다. 운동선수와 교사, 의사가 상위 장래희망에 올랐다. 어떤 뉴스에서는 공무원이 1위라는 설문조사 결과도 있다. 심지어 건물주가 꿈이라는 말까지 아이들이 서슴없이 한다.

우리는 여전히 부모와 다른 어른들, 그리고 대중매체의 영향을 받는다. 태어난 이래로 꾸준히 받아오고 있다. 그리고 그런 영향은 잠재의식에 모두 저장되어 있다. 이런 상황에서 내 자아를 바꾸고 현실을 바꾸는 게 불가능하다고 여겨질지도 모른다. 그러나 포기해서는 안 된다. 지금의 내가 어떤 영향을 받아서 자라왔는지 알게 된 것이 중요하다. 아이와 부모가 지나간다. 부모가 뛰는 아이에게 말한다. "위험해" "뛰지 마" "하지 마" "안 돼" 아이의 안전과 다른 사람들에게 피해를 주지 않기 위한 말들이다. 그러나 어린아이는 그 부정적인 언어들을 모두 저장한다.

바다새.K는 아직도 학창시절 때가 기억이 난다. 미래에는 기술력이 발달하여 일자리가 급속도로 사라질 거라고 했다. 그리고 15년이 지난 지금도 여전히 같은 말이 들려온다. 일자리가 급속도로 사라질 거라고 말한다. 경제는 더 어려워질 거라는 말도 기억난다. 미래는 불안정하고 불안하다. 어떻게 흘러갈지 모른다. 그러나 절대 장밋빛 미래는 오지 않을 거다. 환경 오염은 더 심해질 거고, 인구는 급감할 것이다. 식량난에 허덕일 거고 빈부격차는 나날이 심해질 거다. 지금도 여전히 같은 말이 들린다. 교복을 입고 다니던 학생 때부터 성인이 된 지금까지 같은 이야기를 듣고 자랐다.

교복을 입기 전에도 분명히 같은 이야기를 듣고 자랐을 것이다. 인형 놀이를 했을 때부터 같은 이야기를 들었을 거다. 안정적인 정치와 경제상황은 단 한 번도 없었다. 어디선가 항상 분쟁과 갈등이 들려온다. 돈 문제는 항상 곁에 있다. 아마 이대로라면 나는 나의 다음 세대에게도 내가 배웠던 정보를 건네줄 것이다. 세상은 위험하고, 불안정하다. 불안이 항상 곁에 있을 것이다. 모든 것은 점점 더 나빠질 것이다. 과연 진실일까. 모든 것이 점점 더 나빠지는 게 사실일까. 생각과 감정이 내 현실을 만든다. 나쁜 것을 끌어당긴 것은 누구였을까.

나를 온전하게 바라볼 틈이 없는 나날들

《당신의 소중한 꿈을 이루는 보물지도》의 작가이자 강연가인 모치즈키 도시타카는 말한다. 우리는 어린 시절부터 성인이 될 20년 동안 약 14만 번의 부정적인 이야기를 들어온다. 하루에 평균 20회 정도는 부정적인 메시지를 들어온 셈이다.

이미 7살 이전에 잠재의식은 모든 정보를 흡수했다. 부정적인 정보들이 새겨졌다. 그런데 그것으로 부족했나 보다. 20살이 될 때까지 부정적인 메시지를 잠재의식과 현재의식에 각인하고 있는 셈이다. 20살이 지나도 바뀌지 않는다. 어린 시절에 어른들은 우리들에게 "안 돼!"라고 소리쳤다. 그 어른들이 곁에 없어도 우리는 스스로에게 "안 돼!"라고 말한다. 보이지 않은 창살에 우리는 갇혀 있다.

TV를 경계해야 했던 예전과 다르다. 이제는 스마트폰이 보급되었다. 아침 뉴스와 9시 뉴스만을 기다리지 않아도 된다. 이제는 매 순간 뉴스를 볼 수 있다. 자극적인 제목일수록 사람들의 호기심을 자극하는 기사들이 항상 대기 중이다. 글자가 지겹다면 영상을 보면 된다. SNS에서 공유되기 쉬운 짧은 영상들이 넘쳐난다. 텔레비전 앞에서 우리가 앉아서 정보를 흡수하던 시대가 지났다. 이제 우리가 그 미디어를 들고 다니며 어디서나 정보를 흡수한다. 모두가 시간을 분 단위로 성실하게 사는 것처럼 보인다. 잠시도 우리는 정보에서 눈을 떼지 않는다.

나를 온전히 볼 틈이 없다. 거울로 우리 얼굴을 보는 것보다 모르는 사람의 얼굴을 더 많이 본다. 같은 사람인데 그들은 우리와는 다르게 보인다. 모두에게 호감을 얻을 만한 얼굴을 가졌고, 늘씬하다. 그리고 말은 청산유수이다. 유머 감각도 겸비했고 매력이 넘쳐난다. 우리는 모든 미디어가 편집과정을 겪는다는 것을 알면서도 망각한다. 사진 한 장도 완벽하기 위해 몇십 장을 찍는다는 것을 잊어버린다. 미디어도 사진과 마찬가지로 수정을 반복하고 편집을 반복한다는 것을 잊어버린다.

더 달려야 한다. 멈춰서는 안 된다. 더 자기 자신을 발전시켜야 한다. 업그레이드시켜야 한다. 외모도 업그레이드시켜야 하고, 능력도 계발시켜야 한다. 지친다라는 말은 사치이다. 모두가 시간을 쪼개고 쪼개서 자신을 발전시킨다. 당신이 지친다는 말을 하는 것은 사치다. 이것을 사야 한다. 이것을 보아야 한다. 이것을 읽어야 한다. 이것도 먹어야 한다. 이거는 먹으면 안 된다. 이거는 그만 사야 한다. 이거는 보면 안 된다. 이 행동을 해야 성공한다. 이 행동을 하지 않으면 사랑받지 못한다. 이 문장들이 당신을 다그친다. 당신에게 정보를 주입한다.

연예인들의 사생활이 공개된다. 이제 공개되지 않으면 이상할 정도이다. 집 안이 공개된다. 아이들을 어떻게 키우는지 공개된다. 일상을 어떻게 보내는지 공개된다. 무엇을 입고, 먹고, 사는지 공개된다. 같은 우리인데도 불구하고 그들이 누리는 것을 보면 내 삶이 초라하기 그지없다. 조금만 판단력을 놓치면 내 삶을 하찮은 것으로 생각해버린다. 열심히 살아왔고, 최선을 다해 살아가고 있는 내가 비참해진다. 아등바등 살아봤자 늘 삶이 이럴 것이라고 자조한다. 사람들이 서로를 위로한다. 우리들은 그렇게 되지 못할 것이라 우울해한다. 흙수저, 금수저 얘기가 나온다. 그리고 그 얘기가 모든 사람의 잠재의식에 새롭게 스며든다.

다른 삶의 방식을 선택해도 괜찮다

바다새.K는 항상 바로 눈앞의 나무가 아니라 숲을 봐야 한다고 배

위왔다. 눈앞의 나무는 아무 소용이 없다. 저 멀리 숲을 보아야 한다. 그렇게 배워서 숲을 보았다. 숲을 바라보며 현재를 참았고, 아꼈고, 버텼다. 그러나 숲에 다가갈수록 숲이 멀어진다. 그에게 현재에 만족하라는 말을 해주는 사람은 없다. 미래를 생각하고, 미래를 위해 현재를 참으라고만 말했다. 지금 하기 싫은 일도 미래를 위해 해야 했다. 미래는 불안한 것이므로 그렇게 해야만 했다. 꼭 그래야 하는 걸까라고 물으면 모두가 당연하다고 말했다. 미래형 인간이었고, 목적지향형 인간이었다. 그러나 그렇게 살기에는 바다새.K의 마음은 연약했다.

파랑새.Y를 만난 것은 더는 이 현실에 속할 자신이 없다고 여길 즈음이었다. 불교에 귀의할 것을 고민할 즈음이었다. 숲은 여전히 저 멀리 있었다. 그 숲에 들어가야 안정적인 미래가 있다고 배웠다. 그 숲에 들어가야 제대로 사는 것이라는 자격을 얻는다고 배웠다. 숲에 들어갈 수 없으니 다른 길로 들어가는 게 옳다고 믿는 시점이었다. 그냥 뒤돌아서 숲에서 멀어지자고 결심하고 있었다. 숲에서 멀어져서 비슷하게 숲에 다다르지 못한 사람들을 위로해주자고 결심하던 즈음이었다.

파랑새.Y가 말한다. "모두가 나무를 보지 말고 숲을 보라고 해. 그런데 나는 당장 나무가 주는 그늘이 좋아." 그렇게 살아도 되는지 묻지 않아도 되었다. 파랑새.Y가 살아가는 현재는 만족감과 평온함 그 자체였다. 모두의 얘기를 따를 필요는 없다. 내가 도저히 그 얘기를 따르지 못한다면 존중해주자. 내 잠재의식이 그렇게 괴로워하는데 억지로 밀어 넣는 폭력을 가하지 말라. 다른 관점을 가져도 괜찮다.
그동안 주입되었던 방식이 아닌 다른 삶을 살아도 괜찮다.

내가 진정으로 원하는 것을 위해
어깨에 힘을 빼기

원하는 것과 두려운 것을
피하려는 것은 다르다

지나치게 애를 쓰지 말기

어린 시절 냇가나 계곡에서 송사리를 잡은 기억이 있다면 떠올려 보라. 그 작은 물고기들은 우아하게 헤엄치다가도 잡으려 손을 집어 넣으면 재빨리 흩어진다. 생존을 위한 당연한 행동이지만 순간의 반응이 놀랍기만 하다. 그 송사리들을 바구니를 이용해서 잡을 때 어떻게 했는가. 그냥 바구니를 물에 냅다 넣고 들어 올리면 절대 잡히지 않는다. 조심스럽게 물 안으로 바구니를 넣고 한동안 기다린다. 바구니를 잡은 내 팔도 함께 깊숙하게 물속에 잠겨야 한다. 그 후 조용히 기다려야 한다. 내 손과 바구니가 시간이 지나 그들에게 의심을 사지 않을 때 재빨리 물 밖으로 들어올린다. 그러면 바구니 안에 물과 함께 그 송사리들이 들어 있다.

애쓰지 말아야 한다. 작은 돛단배에 구멍이 나면 어떻게 하는가. 배가 가라앉는 것을 막기 위해 물을 퍼서 밖으로 던진다. 허리를 펼 시간도 없이 물을 퍼서 밖으로 던지는 동작에 쉼이 없어야 한다. 그런데 그런 식으로 송사리들을 잡으려고 한다고 해보자. 잡을 수 있을까. 놀란 물고기들이 당신에게서 더 멀어질 것이다. 오려고 한 물고기들도 도망칠 것이다. 원하는 것을 나의 품에 안으려고 할 때도 마찬가지이다. 지나치게 애를 쓰면 안 된다. 당신은 어떻게 보면 외부 세계에서 갑작스럽게 등장한 침입자가 아닌가. 그들이 머물던 세상 안에서 마치 원래 존재했던 것처럼 잠시 동안 움직임을 멈춰야 한다. 그들이 당신에게 다가오기를 기다려야 한다.

내가 바라는 내 모습이 있다. 내가 원하는 현실이 있다. 생각과 감정의 힘으로 빨리 그 모습에 다다르고 싶다. 매일 성실하게 실천한다. 하나의 숙제처럼 매일 꾸준하게 한다. 돛단배에서 물을 퍼 내보내듯이 허리 한번 펴지 않고 숨을 헐떡이며 최선을 다한다. 아마 그 노력은 결실을 맺을 것이다. 가라앉을 듯이 위태로웠던 돛단배가 다시 물 위에 점점 떠오를 거다. 그러나 그 결실이 나의 행복이 맞는가. 배에 난 구멍은 여전히 그대로이다. 구멍이 어디에 나 있는지를 찾아야 한다. 그 구멍을 찾아서 임시방편으로라도 우선 막아야 물이 들어오는 것을 막을 수 있다. 그 후에 완전히 수리할 방법을 찾으면 된다.

어깨에 힘을 빼기

애쓰지 말라는 것은 다 포기하라는 말이 아니다. 자포자기 상태에 들어서라는 말도 아니다. 어깨에 잠시만 힘을 빼고 숨을 고르라는 의미다. 내가 바라는 내 모습이 정말로 내가 원하는 것이 맞는가. 어쩌면 당신은 지금의 내가 그저 지긋지긋해서 벗어나고 싶은 건 아닐까. 내가 바라는 꿈이 정말로 내가 원하는 것이 맞는가. 내가 진정으로 원하는 것이 아닌 여전히 남들이 보기 좋은 꿈이 아닐까. 우리는 나로 살고 있지만 나를 모른다. 랩퍼 MC 스나이퍼가 〈모의 태〉라는 노래에서 "……28년을 함께 살아도 나는 나를 모르고"라고 말한 것과 같다. 여전히 우리는 자신을 모른다.

바다새.K는 요가 강사가 되는 게 꿈이었다. 그 일이 자신이 원하는 것이라 오랫동안 생각해왔다. 그러나 주위의 다른 사람들이 요가만으로 행복해한다는 것을 알았다. 자신은 행복을 느끼지 못했다. 그제야 묻기 시작했다. 노트를 펼쳐서 자신과 대화했다. 그리고 알았다. 자신이 원한다고 생각했던 것이 사실은 최소한의 상처를 받기 위한 방편이었던 것이었다. 소망이 아니라 두려움에서 시작된 마음이었다. "행복해지려는 것"을 목표로 하는 것과 "불행해지지 않는 것"이 목표인 사람은 다르다. "내가 원하는 것을 이루겠다"는 것과 "내가 싫은 상황을 만나지 않겠다"도 마찬가지다. 싫은 것을 피하는 게 아니라 진짜로 원하는 것에 집중해야 한다.

당신의 마음에는 구멍이 나 있다고 생각하자. 그 구멍을 당장 수리하는 것이 우선이 되어야 한다. 그것은 맞다. 그러나 구멍을 수리했다면 다음 순서는 이제 오로지 나에게 집중하는 것이다. 상처로 뚫린 구멍에서 시선을 돌려 나의 진짜 마음을 바라봐야 한다. 여전히 그 구멍이 행여나 다시 뚫릴까봐 걱정하며 바라봐서는 안 된다. 그 뚫린 구멍에 집착하지 말라. 내가 두려워하는 상황을 만날까봐 걱정하지 말자. 또다시 상처받을까봐 그걸 피하는 데 집중하지 말자. 그 구멍에 집착하면 당신은 불행해지지 않는 삶에 집중하게 될 거다. 내가 싫은 상황을 만나지 않겠다만 보게 될 거다. 이제는 "나를 행복하게 만들 거야"라는 목표를 심어야 한다.

상처받는 말을 상처로 간직할지 거부할지는 나의 선택

쉽게 지워지지 않은 상처받은 말은 누구에게나 하나씩은 있다. 바다새.K는 "서른 넘은 여자가 뭘 할 수 있겠어"라는 말을 듣는다. 서른 이후에는 지금 이 일이 아닌 다른 일을 하고 싶다는 이야기를 하던 중이었다. 그 말에 바다새.K의 날개가 부러진다. 추락한다. 집착이 시작된다. 오로지 그 말에 대한 집착이다. 그리고 마치 그 문장을 증명이라도 해내겠다는 것처럼 그에 대한 증거들을 수집한다. 반박하는 게 아닌 증명이다. 자신의 잠재의식에 그 문장을 심고서 성실하게 물을 준다.

어차피 살다보면 나에게 함부로 하는 말을 듣게 된다. 그때 나의 반응은 어떤가. 정신과 의사 빅터 플랭클은 "자극과 반응 사이에 빈 공간이 있다"라고 말했다. 자극이 들어오고 그에 대한 반응 사이의 빈 공간은 내가 선택할 수 있다. 상처받는 말을 누군가 던져 자극으로 들어온다. 무조건 내게 평생 남겨질 트라우마의 말로 남는 것이 아니다. 내가 어떤 반응을 선택하기 전에 선택권은 분명하게 존재했다. 바다새.K의 날개를 부러뜨린 건 상대의 말이 아니다. 바로 바다새.K가 자신의 선택으로 날개를 꺾었다. 어쩌면 그 말을 핑계 삼아 현재에서 벗어나지 않으려고 한 것일지도 모른다. 잠재의식의 목소리를 들어야 한다.

마음을 뒤흔드는 말을 들었을 때. 혹은 어떤 상황을 마주했을 때 내 본심을 알아야 한다. 중요한 연습이라고 생각하자. 우리는 잠재의식을 통하여 원하는 꿈에 다가가고자 한다. 생각과 감정을 통하여 꿈에 다가가고자 한다. 그러나 생각과 감정을 활용해도 나의 뿌연 마음을 해결하지 못하면 헛수고다. 밑바닥이 보이지 않는 거대한 항아리를 생각해보자. 그 항아리는 나의 존재이다. 항아리 안에는 뿌연 물이 가득 담겨 있고 내부가 어두워서 보이지 않는다. 그런데 항아리 바깥에서 곳곳에 물이 새어 나오는 게 보인다. 몇 곳은 밖에서 수습했다. 그러나 밖에서는 멀쩡하여 안에서 반드시 막아야 하는 구멍들이 있다.

긍정적인 생각과 좋은 감정을 기반으로 잠재의식은 바뀌어간다. 그러나 처음부터 온전히 바뀌지는 않는다. 우리는 7살 이전에 세상이 가진 믿음과 정보들을 모두 저장했다. 불완전했던 어른들의 불안에 찬 믿음들까지도 모두 저장했다. 살아오면서 세상의 소음들도 모두 저장했다. 경제 위기, 실업률, 자살률, 사건과 사고들, 부조리함, 불공평함을 듣고 저장했다. 그런 모든 것들이 내 마음의 항아리 곳곳에 구멍을 내두었다. 모든 구멍을 막을 수는 없다. 방법은 내 마음이 새어나갈 때 그 안을 자세히 들여다보고 고쳐주는 거다.

구멍의 상태를 안에서 보려면 가장 먼저 할 일은 마음을 휘젓지 않는 것이다. 뿌연 물은 밖에서 휘젓지만 않고 놔두면 침전물이 가라앉는다. 물이 잔잔해지면서 안을 들여다보기 쉬워진다. 그때 구멍이 보이면 수리하면 된다. 그렇게 우리는 천천히 그러나 꾸준히 나아가면 된다. 조금씩 변화를 받아들이고, 변화를 통한 현실을 누리면 된다. 당신의 꿈은 소중하다. 당신의 바람도 귀하다. 그러다 오로지 그것만이 나의 행복으로 여겨지는 것이라고 집착하지 말자. 반드시 그것을 이뤄내야만 내 마음의 구멍 하나를 막는다고 집착하지 말자.

로또에 당첨되고도 불행해진 사람이 있다. 열심히 준비해서 취직한 회사에서 우울증에 걸리는 사람이 있다. 이상형인 사람과 결혼을 하고 불행해지는 사람이 있다. 사업을 성공시키고 가정에 불화를 겪는 사람이 있다. 이것만 이뤄지면 이제 행복 시작이라고 여겼는데 아닌 경우는 수두룩하다. 인생사 새옹지마다. 허무주의에 빠지라고 하는 말이 아니다. 단순하게 생각하면 된다. 우리가 무엇을 원하고 있는가. 사랑하고 싶고, 사랑받고 싶어서 아닌가. 평화로움을 누리며 평온해지고 싶어서 아닌가. 즐겁고 웃을 일이 많아서 그런 거 아닌가.

자신이 행복해지는 과정에 집중하라. 꿈과 바람이 있다면 그것을 반드시 이뤄내는 것에만 집착하지 말라. 길이 다양하다는 점을 믿어

라. 이쪽 아니면 저쪽의 길만 나 있는 것이 아니다. 길은 수없이 다양하게 만들어져 있다. 그 길의 다양성을 믿고 잠재의식에 집중하라. 잠재의식은 감정에 맞닿아 있다. 그 '감정'의 기쁨에 집중하자. 우리는 세상에 흐르는 정보의 0.0001%만을 현재의식으로 인식한다. 수백만 비트의 정보가 흐르는데 그중 일부만을 인식한다. 그에 반해 잠재의식은 현재의식보다 몇십만 혹은 몇백만에 해당하는 정보들을 처리한다. 잠재의식의 힘을 믿어라.

나의 귀한 에너지는
나를 위해서만 사용하기

심사위원 놀이를 그만두자

"좋아" "싫어"라는 마음속의 스위치

바다새.K는 아침에 눈을 뜨면 보이지 않는 마음속 전원을 켠다. 그 전원은 "좋아/싫어" 스위치이다. 그 스위치가 켜진 순간부터 이제 우리는 모든 것을 그 2가지로 나누어서 생각한다. 침대에서 빠져나와야 한다. 그렇다 싫다. 출근 준비를 해야 한다. 싫다. 그러나 스마트폰을 켜보니 좋아하는 사람이 아침 인사를 남겨 놓았다. 이건 좋다. 어젯밤 아침에 마실 라테를 사오는 걸 잊어버렸다. 싫다. 오늘은 유독 화장이 잘되고, 스스로가 예뻐 보인다. 좋다. 잠깐의 시간에 좋다/싫다가 연속된다.

내가 중심인 일상에서의 좋다/싫다만 있는 게 아니다. 나의 일상이 아닌 부분에서도 스위치는 여전히 켜져 있다. 지나가는 사람의 옷차림이 내 취향이 아니다. 싫다. 횡단보도를 건너는 데 차가 양보해주었다. 좋다. 스마트폰을 켜놓으면 더 바쁘게 돌아간다. 뉴스, 예능, 드라마, 영화, 유튜버의 영상을 보며 좋다/싫다가 계속 작동된다. 다행히 나만 그런 건 아닌 듯싶다. 댓글을 보니 나와 같은 사람들이 자신들의 의견을 적어놓았다. 나와 똑같이 좋다는 사람이 있고, 싫다는 사람이 있다. 반대로 나와 똑같이 싫다는 사람이 있고 좋다는 사람이 있다.

생각을 가진 내가 이렇게 명확하게 호불호를 가지는 게 무엇이 문제냐고 할 수 있다. 문제는 없다. 문제라고 볼 수는 없다. 다만 내 자신이 지독하게 피곤해질 뿐이다. 생각이 멈출 틈이 없다. 나 자신에게 집중할 틈도 없다. 나의 내면 목소리에 귀를 기울일 틈조차 없다.

어느 심리학자의 연구에 따르면 우리는 평균 하루에 6만~8만 가지의 생각을 한다고 한다. 엄청난 생각을 하지만 어제와 크게 다를 바 없는 생각을 한다고 한다. 그리고 대부분의 생각은 부정적으로 흘러간다. 좋다/싫다로 나누었을 경우 아마 대부분은 "싫다"로 무게가 기울어져 있을 거라는 말이다.

이제 우리가 해야 할 일은 "싫다"에 집중된 관심을 "좋다"로 돌리는 거다. 이미 잠재의식은 7살 이전의 정보들로 가득 차 있다. 그걸로도 모자라서 그 이후에도 세상의 정보들을 열심히 저장했다. 우리가 좋은 것보다 싫은 것에 더 집중하게 된 것은 당연한 일인지도 모른다.

정신과 의사 크리스토프 앙드레는 온수 샤워 효과에 대해 말한다.

편안한 삶의 정도가 높을수록 긍정적인 일을 당연히 여긴다며 한 말이다. 매일 아침과 저녁 온수 샤워를 하는 게 우리는 당연하다. 그러다 보일러가 고장 나 찬물로 샤워를 한 번 해봐야 그 온수의 소중함을 깨닫는다. 이제 우리는 이 당연하게 여기는 '좋은 것'을 자각하는 연습을 해야 한다.

평범한 일상 안에서 "좋다" 스위치를 항상 켜두는 연습

"좋다"는 평범한 일상 안에서는 큰 이벤트가 있어야 발생하는 감정 같다. "좋다"를 자각하는 게 익숙하지가 않아서이다. 사랑하는 사람과 주말에 공원 피크닉을 가서 산들바람을 맞아야 "좋다"라고 느껴온 거다. 이제는 그저 매일 반복되는 출근길에서도 살랑거리며 부는 바람에 "좋다"를 느껴야 한다. 연습이 필요하다. 〈살아 있어서 기쁘다〉라는 마음은 어느 날 하늘에서 뚝 떨어지는 것이 아니다. 작은 연습들이 쌓이고 쌓여서 생기는 새로운 시각이다. 살아 있어서 기쁘다는 생각은 그런 현실을 반드시 끌어당겨 온다. 우리가 해야 할 일은 그 작은 연습을 반복하는 것이다. 그 현실을 나에게 끌어당겨 오는 거다.

바다새.K는 오랜 시간 동안 부정적인 시각으로 살아왔다. 부정적인 시각은 푸르스름한 색깔이 들어 있는 안경을 끼고 있는 것과 같다. 세상을 있는 그대로 보는 것이 아니라 그 색으로 본다. 동시에 자신이 보는 것만이 옳다고 믿는 오만한 시각이기도 하다. 열심히 일하고 잠시 담배를 피며 쉬는 사람을 보고도 삶은 고단한것 이라고 확신해버린다. 그 순간 그는 무한한 행복을 느끼고 있을지도 모르는데 멋대로 판단해버린다. 개가 비를 맞으며 골목을 걷는 것을 보고 안쓰러움을 느낀다. 사실은 그 개가 그저 비를 맞는 것에서 기쁨을 느끼고 있는 중인지도 모르는 거다. 개의 마음을 어찌 알 수 있나. 그런데도 역시나 멋대로 판단한다.

내 몸의 크기만 한 캔버스를 눈앞에 상상하자. 그 캔버스는 한밤중처럼 새까맣게 칠해져 있다. 그것을 나의 마음이라고 보자. 이제 당신이 해야 할 일은 "좋다"라는 다른 색깔의 물감을 점처럼 하나씩 찍는 거다. 처음 점을 찍으면 밝은 색 물감이라고 하더라도 검은 캔버스에 표시도 나지 않을 거다. 그러나 반복해서 점을 찍는다고 상상해보자. 게임처럼 이 과정을 즐기자. 오감을 활용하라. 내 오감으로 "좋다"라는 감정을 만끽하고, 진심으로 우러나오는 "좋다"라는 생각을 누려라. 그 생각이 주는 좋은 감정을 내 잠재의식에 스며들게 하라.

털이 복실거리는 강아지가 산책하는 모습. 바람결에 나뭇잎이 살랑거리는 모습을 보고 "좋다"고 느끼고 생각하라. 꽃향기나 달콤한 음식 냄새를 맡은 후에도 똑같이 느껴라. 부드러운 것이 피부에 닿는 것을 만끽하라. 좋은 음악을 그저 소음을 감추는 용도가 아닌 "좋다"를 확대시키는 것으로 만끽하라. 오감으로 "좋다"는 것을 느끼고, 살아 있음을 충분히 즐겨라. "좋다"라는 생각과 감정을 근육처럼 키워야 한다. 단 며칠 운동한다고 몸이 근육질이 되지 않는다. 꾸준하게 해야 근육이 붙는다. 그처럼 "좋다"의 근육을 매일 훈련으로 키워야 한다.

조셉 머피 박사는 "현재의식과 달리 잠재의식은 무엇이든 판단하지 않으며, 논쟁적으로 다투지 않는다. 잠재의식은 비옥한 토양과 같아서 좋은 씨앗이든 나쁜 씨앗이든 어떤 씨앗이라도 받아들인다."라고 말한다. 그동안 살아오면서 잠재의식에 "좋다"를 제대로 심어주지를 못했다. 잠재의식은 내 생각과 감정을 받아들여왔을 뿐이다. 그 생각을 기반으로 지금의 현실을 끌어왔을 뿐이다. 내 현실을 내가 책임감을 가져야 한다. "좋다"로 일관된 삶을 살아왔다면 그 "좋다"의 생각과 감정이 현실에 거울처럼 비추어졌을 것이다. 지금 내 현실은 내 생각과 감정의 씨앗을 심은 것이 그대로 자라난 숲이라고 봐야 한다. 콩 심은 곳에는 반드시 콩이 난다.

심사위원의 역할은 그냥 내려놓기

우리는 끊임없이 다른 사람을 평가한다. 그들을 검열한다. 인터넷 뉴스와 동영상, 그리고 SNS를 통하여 자신의 생각을 쉽게 드러낸다. 그만큼 남들을 쉽게 평가하고 검열한다. 그것을 공유한다. 아무리 잠깐 스치듯 보아도 그 생각이 내 잠재의식에 새겨진다. 어떤 사람이 한 사람을 추앙한다. 나도 함께 추앙한다. 그러다 그 사람을 추락시켜 매장시킨다. 나도 함께 그 사람을 매장시킨다. 내가 아니니깐 이라는 마음 때문에 더 엄격한 잣대로 검열했다. 그러나 생각해 보아라. 그 검열과 평가를 난 생각했다. 그리고 그 생각은 모두 잠재의식에 각인된다. 내가 스스로를 평가하고, 검열하는 함정에 빠진다. 나를 바라보는 잣대가 나날이 엄격해진다.

있는 그대로를 받아들이는 것을 연습하라. 당신은 당신을 있는 그대로 존중받고 싶을 것이다. 그만큼 남을 똑같이 존중하라. 당신이 남을 검열하고, 비평하고, 판단하는 것은 그런 현실을 끌어당기고 있는 것과 같다.

바다새.K가 드넓은 강을 바라보고 있다. 한강만큼 넓고 깊은 강이다. 부정적인 시각으로 살아온 이곳은 춥고 위험요소가 가득하다. 강을 건너면 따뜻하고 안전한 곳이다. 다른 시선으로 살아갈 수 있다. 그는 강을 건너기로 결심한다. 이 강을 건너는 것을 잠재의식의 힘을 알고 삶을 바꾸는 여정으로 상상하자. 그가 긴 고민으로 시간을 보낸 끝에 천천히 강물에 들어간다. 이 부정적인 땅에서 벗어나고 싶다는 마음이 강렬했다.

물살이 세다. 깊이를 알 수 없는 강 속에 많은 것들이 헤엄치고 있다. 알 수 없는 게 떠내려가고 있기도 하다. 그럼에도 두려움을 안고 나에게만 집중하며 강을 건너야 한다. 그런데 내 앞에 거북이가 보인다. 헤엄치는 거북이를 붙잡고 이리저리 살펴보면서 마음에 들지 않는다고 불평할 것인가. 왜 이런 곳에 거북이가 있는지 잡아서 그 와중에 툴툴거릴 것인가. 당신의 두 다리는 그렇게 한눈을 팔고 있을 때에도 열심히 헤엄치고 있다. 두 다리는 언젠가 힘이 빠질 것이다. 물속으로 가라앉지 않으려면 헤엄쳐야 한다. 그 에너지를 귀하게 여기지 않고 자꾸만 나 외에 다른 것을 본다면 절대 강을 건너지 못할 것이다.

다른 사람들이 헤엄치는 모습도 보인다. 그런데 그 사람에게 헤엄쳐서 "널 못 가게 할 거야"라고 방해할 것인가. 왜 저렇게 이상하게 헤엄치는지 판단할 것인가. 당신이 심사위원이라도 되는가. 도대체 누구를 위한 심사인가. 강은 드넓어서 헤엄치는 내 동선과 겹치는 것도 아니다. 그 사람이 나를 방해하는 것도 아니다. 강의 건너편에 선착순으로 도착해야 하는 것도 아니다. 건너기만 하면 된다. 그런데 굳이 강물에 떠다니는 사물들과 헤엄치는 다른 사람에게 시선을 옮기는가. 지금은 당장 자신에게만 집중해야 할 때가 아닌가. 평가하고 판단하는 마음이 들 때마다 강을 건너는 것을 떠올리자. 에너지 낭비하지 말자. 평가하기를 멈춰라.

나는 누릴 자격이
충분한 사람이라고 허락해주기

나는 사랑받을 자격이 있다

현상 이면의 본질

바다새.K는 대학생 때의 철학 교수의 말을 노트에 적었다. "우리
도 살아가면서 겉으로 보이는 현상 이면의 본질을 볼 줄 알아야 합니
다." '현상 이면의 본질'에 대하여 강의를 하며 그는 말한다. 자신과
대화를 하면 할수록 자아가 점차 드러난다. 달팽이처럼 나를 믿고 고
개를 내민다. 나의 잠재의식에 어떤 것이 새겨져 있는지 알 수 있게
된다. 그리고 그 잠재의식으로 내 현실이 왜 이렇게 펼쳐지고 있는지
알 수 있다. 생각과 감정이 원인이고 현실이 결과이다. 현상 이면의
본질의 핵심은 바로 잠재의식이다. 자신을 괴롭힐 정도로 모든 과거
를 헤집을 필요는 없다. 불편한 현실을 마주했을 때 그때 잠재의식에
감춰진 생각을 찾아내라.

마음이 시들게 놔두지 말라. 현실이 꼬여갈수록 나의 마음은 지쳐갈 것이다. 마음이 완전히 소진되기 전에 내 깊은 잠재의식을 살펴라. 그 잠재의식 부분에 다가서지 않는 이상 나의 현실은 계속 꼬일 것이다. 마음이 평온하고 걱정 없이 살아가는 사람들의 인생이 얼마나 순탄해 보이는지 관찰하라. 그들은 현명함을 발휘한 것이다. 마음의 평화가 선행되어야 현실의 평화가 생긴다는 것을 알고 있다.

작가인 페니 피어스는 말한다. "당신이 지금 가진 것들은 지난 며칠, 몇 주, 몇 달 동안 스스로 의식적 또는 무의식적으로 생각하고 집중해온 것들이다." 지금부터 당신은 어떤 생각과 감정을 선택할 것인가.

"아니요. 그런데 여기가 훨씬 더 근사하죠."

"사랑받을 자격이 없다"라는 생각이 잠재의식에 새겨 있다. 이제 우리는 그 생각이 얼마나 깊게 각인되어 있는지 알아야 한다. 바다새.K는 친구와 간 해외여행 내내 캡슐 호텔에 묵었다. 침대 하나가 개인 공간이고 나머지는 전부 공용공간인 매력적인 곳이었다. 여행 일정 중 야경이 끝내준다는 유명한 Y.바를 가기로 한다. 그러나 아무리 헤매도 그 장소를 찾을 수가 없다. 거대한 호텔 로비를 한참을 서성인다. 길을 잃었지만 바다새.K는 그 상황이 즐거웠다. 다른 이유를 떠나서 그렇게 근사한 호텔 로비를 본 적이 없었던 거였다. 그렇게 웅장하면서 고급스러운 호텔 로비를 처음 마주했던 거다.

바 위치를 물어보니 직원이 그 호텔에 꼭대기에 있는 곳을 안내해 준다. 중간층에 내려 다른 엘리베이터로 갈아타야 한다. 그곳부터는 숙박키가 없으면 엘리베이터가 눌리지 않는다. 같은 엘리베이터에 있던 중년여성이 자신의 숙박키를 대고 우리가 가려는 층수를 눌러준다. 그녀가 없었으면 우리는 올라갈 수 없었다. 안내받았던 층수에 내린다. 그런데 문이 하나만 있고 이상했다. 여행안내서의 소개와 다르게 가는 길이 너무 좁다. 무슨 옥상을 올라가는 길 같다. 이미 아닌 것 같다는 생각이 들었지만 그래도 올라가 본다.

한 남성이 문을 열어주고 인사한다. 그리고 그 남성 뒤로 시원하게 탁 트인 야경이 펼쳐진다. 바다새.K는 그 문이 열렸을 때 고층에서 부는 바람과 그 전경을 잊지 못한다. 작은 곳이었지만 들어가자 앉아 있던 다른 사람들이 마치 알던 사이처럼 미소 짓는다. 현실이 아닌 꿈속 같은 착각이 든다. "여기가 Y.바 인가요?" 바다새.K가 묻는다. 선해 보이는 웨이터가 대답한다. "아니요. 그런데 여기가 훨씬 더 근사하죠." 바다새.K는 그 말에 동의했다.

비교 대상이 없었음에도 불구하고 그곳이 정말 근사한 곳이라는 것을 알았다. 그곳에 머물지 않는다면 절대 볼 수 없었던 전경과 바람이었다. 아쉬움을 뒤로 하고 멍해져서 내려온다. 두 사람은 결국 Y.바를 찾는다. 이름이 같아서 헤맸지만 전혀 다른 호텔이었다. Y.바는 유명한 이유가 있었다. 넓었고, 활기가 넘쳤으며 근사한 야경을 보여준 곳이었다. 그럼에도 불구하고 바다새.K는 처음 잘못 들어갔던 그곳이 기억났다. 접해보지 못한 세계 같은 그 낯설음이 생각났다.

바다새.K는 고급 호텔과 그 호텔에서 숙박해야만 알 수 있는 그 바를 생각한다. 완전히 낯선 공간이다. 경계심 강한 그에게는 더 긴장이 되는 공간이다. 그러나 이런 세상은 항상 우리 곁에서 공존해왔다. 그걸 나에게 알려주지 않은 것은 바로 나였다. 아예 쳐다보지 못하게 했다. 왜 그랬을까. 나의 잠재의식이 허락을 하지 않은 거다. 자신이 그렇게 좋은 공간을 누려도 된다는 허락을 하지 않은 거다. 오랫동안 의기소침에 익숙해진 사람에게는 스스로 더 모질게 구는 경향이 있다. 바다새.K는 '나는 그걸 누릴 자격이 없어'라고 외부를 차단해온 거다.

보물처럼 귀한 마음을 지니고 있어도 저수지처럼 고이게만 두면 그 마음은 흐르지 않는다. 댐을 방류하듯이 마음이 흐르게 두어야 내 삶이 변한다. 생각과 감정이 현실을 만든다는 것을 알았다. 긍정적인 생각을 하고 좋은 감정을 느껴야 삶이 바뀐다. 그러나 그 전에 모든 것을 허락해야만 한다. 내가 좋은 생각을 해도 괜찮다고 허락해야 한다. 좋은 감정을 느껴도 된다고 허용해야 한다. 바로 나의 잠재의식에게 허락을 구하는 거다.

조금씩 자신과 현실이 나아지는 과정에서 우리는 망설인다. "내가 이런 것을 누려도 될 자격이 있을까." 그리고 그 과정에서 역시 익숙하다는 게 편하다며 다시 왔던 길로 되돌아가기도 한다. 이것을 함정이라고 생각하자. 꿈에 그리던 이상형을 만나 사랑에 빠진다. 처음의 행복이 시간이 지날수록 의심으로 바뀐다. '이런 사람이 왜 나 같은 걸 좋아할까'라는 마음의 목소리가 들린다. 그때 잊지 말자. 당신의 잠재의식은 "나는 사랑받을 자격이 없어"라는 뿌리 깊은 믿음을 당신에게 묻는 중이다. 당신에게 허락을 구하는 중이다. 허용해야 한다. '나는 사랑받을 자격이 있다'라는 것을 허락해야 한다.

'~할 자격이 있다'의 잠재의식에 새겨진 믿음을 보아야 한다. 캡슐호텔에 머물던 자신을 5성급호텔에 지내게 하고 싶다면 허용의 과정을 거쳐야 한다. "나는 자격이 있다"라고 일상 안에서 허용하라. '현상 이면의 본질'이라는 말을 기억하자. 내 현실의 상황에는 반드시 당신 내면이 원인으로 존재하고 있다. 오랫동안 스스로를 미워하던 사람에게 갑자기 자기 자신을 사랑하라고 하면 쉽지 않을 거다. 그럴 때 허락의 연습을 하자. 좋은 음식을 먹을 때, 좋은 곳에서 근사한 풍경을 보았을 때 허락하라. "나는 사랑받을 자격이 있어"라고 잠재의식에 말하라.

사랑이 찾아올 때, "나는 사랑받을 자격이 있어"라고 말하라. 행운이 찾아와도 똑같이 말하라. 당신은 오늘도 안전하게 하루를 보내고 침대에 누웠을 거다. 그럴 때 "나는 세상으로부터 보호받고 사랑받을 자격이 있어"라고 말하라. 모든 것을 당연하게 여기지 말자. 기분 좋은 일을 만나도 "나는 좋은 일을 만날 자격이 있어"라고 말하고 그 기분을 만끽하라.

바다새.K는 그 웨이터의 말을 노트에 적었다. "아니요. 그런데 여기가 훨씬 더 근사하죠." 이 말을 잠재의식이 주는 힌트처럼 여겼다. 마음이 다시 의기소침으로 되돌아갈 때마다 지금이 좋은 것을 상기했다. 그의 말은 정확하다. 당신이 좋은 것을 허용해준 이곳이 훨씬 더 근사한 삶이다.

내 몸 내가 챙기기

바다새.K는 만성피로증후군으로 "피곤해"라는 말을 입에 달고 살았다. 일상이 무너지자 더 이상 안 될 것 같아서 요가를 다녔다. 그런데 요가를 1시간을 하고 나면 2시간은 쉬어야 했다. 늘 기운이 없어 보였다. 의욕도 없어 보였다. 근력이 거의 없어서 조금만 힘쓰는 일을 하면 해롱거렸다. 끼니를 자주 건너뛰었다. 그러면서 인스턴트식품은 많이 먹었다. 과자와 아이스크림을 주식으로 삼았다. 귀찮다는 이유로 커피로 배를 채우고 자신을 방치했다. 어지러웠고 빈혈이라는 진단을 받았어도 그냥 신경 쓰지 않았다. 살은 쪄서 체격은 커지는데 체력은 바닥나고 있었다.

우리는 기계가 아니다. 아니, 하물며 기계도 기름이나 전기라는 연료를 필요로 한다. 우리 몸에 영양소를 넣어주지 않고 잘 움직이길 바라는 건 얼마나 바보 같은 생각인가. 몸이 잘 작동하며 일상을 잘 지내길 바란다면 좋은 음식을 제때 넣어주어야 한다. 이렇게 열심히 살아가는 나에게 그 정도 일도 못 해주는 건 잔인하지 않은가. 매일 힘들게 침대에서 빠져나와 치열하게 출근길을 뚫고 살아가는 자신이 얼마나 기특한가. 매일 "예뻐 죽겠다"라는 말을 해도 모자랄 정도이다.

적어도 밥은 잘 챙겨 먹자. 그리고 좋은 것들을 자신에게 더 자주 허용하자. 바다새.K는 식사 때마다 "고생했다, 나는 나 자신을 이렇게 챙겨도 될 자격이 있다"라고 반복했다. 한 걸음씩 나아가자. 모든 순서를 성급하게 건너뛰지 말고 꾸준하게 한 걸음씩 나아가자. 내가 내 몸과 마음을 챙기는 것은 자신이 사랑받을 자격이 있다고 허락하는 첫 걸음이다. 변화를 허용하라. 자신이 변신하는 것을 허락하라. 내 자신이 더 나은 모습으로 살아가도 된다고 허용하라. 내가 더 즐겁고 행복한 삶을 살아도 된다고 허락하라. 당신은 그럴 자격이 충분하다.

나를 이해해줄 사람은
이 세상에 나밖에 없다

긍정적이든 부정적이든
내가 생각하는 것을 받아들이자

"그런 곳은 없단다."

스님이 바다새.K에게 묻는다. "힘드니?" 바다새.K는 대답한다. "사는 게 쉽지 않아요." 바다새.K의 예상처럼 스님은 대답한다. "누구에게나 사는 건 쉽지 않아." 그리고 예상치 못한 대답을 한다. "나도 쉽지 않아." 이렇게 고요하고 깊은 산골에서 오랜 수련을 겪은 그가 느낀다는 것이 믿기지 않았다. 더 이상 말하고 싶지 않았다. 바다새.K는 툭하면 입을 다물었다. 어차피 자신의 마음을 알아주는 이가 없다는 생각에 마음의 문을 닫았다. 그러나 우리는 돌고래가 아니다. 초음파로 대화하는 게 아니라 언어로 대화해야 한다. 말을 하지 않으면 상대는 내 마음을 당연히 모른다.

스님이 다시 묻는다. "원하는 게 뭐니?" 바다새.K는 대답한다.

"다른 삶을 살고 싶어요." "다른 삶은 어떤 삶인데?" 바다새.K는 선뜻 대답하지 못한다. 그리고 긴 침묵 끝에 대답한다. "지금까지와는 다른 세계에서 살고 싶어요." 바다새.K는 스님의 대답이 뻔할 거라고 예상했다. 내 마음이 지옥이면 어느 곳에 있더라도 지옥이다,라는 식의 말을 예상했다. 그러나 스님이 그에게 말했다. "그런 곳은 없단다." 10년에 가까운 시간이 흘렀지만 바다새.K는 그 때 그 스님의 눈빛을 잊지 못한다. 그렇게 확신에 찬 맑은 눈을 지금까지도 본 적이 없다.

스님의 말을 해석하는 건 이제 바다새.K의 몫이다. 마음을 흔히 투명한 물로 비유한다. 그릇에 물을 담으면 그 그릇 모양에 따라 마음은 똑같이 담긴다. 그릇에 물감이 묻어 있으면 마음의 물은 똑같이 물든다. 부정주의에 오래 살아온 사람의 마음 그릇은 부정적이다. 거기에 마음을 담으면 그와 똑같이 세상을 보고, 듣고, 경험한다. 바다새.K는 스님의 말을 인생을 즐겁게 살아갈 즈음 새롭게 받아들였다. 나는 지금 이 삶을 경험한다. 다른 세계로 가는 것은 오로지 나의 몫이다. 그리고 그 세계로 갈 수 있는 유일한 교통편은 내 생각과 감정을 변화시키는 것이다. 내 잠재의식을 개혁에 가까울 정도로 뒤집는 것이다. 이전의 나를 떠나보내야 한다.

'사랑'이냐 '사랑-아님'이냐

레스터 레븐슨은 세계적인 영적 스승이다. 그는 깨달음을 얻은 자로 알려져 있지만 태생부터가 그러했던 것은 아니다. 레븐슨은 20년 간 물리학자와 엔지니어로 일해오고, 여러 사업을 했다. 누가 봐도 성공적인 인생을 살아가던 레븐슨은 40대에 깊은 우울증과 병을 얻는다. 의사들은 스트레스가 만병의 근원이라고 말한다. 그리고 마음의 병은 반드시 육체의 병을 동반한다. 레븐슨은 10년간의 편두통과 온갖 육체의 병을 앓다가 심장발작도 겪는다. 3개월의 시한부 선고를 받은 것도 두 번째 심장발작 후였다. 그는 죽음을 앞두고 모든 지식을 잊고 다시 시작하기로 한다. 오로지 행복을 추구하며, 생각과 느낌을 바꿨다. 오로지 사랑으로.

가수 해바라기의 〈모두가 사랑이에요〉에서 "모두가 사랑이에요. 사랑하는 사람도 많구요. 사랑해준 사람도 많았어요. 모두가 사랑이에요. 마음이 넓어지고 예뻐질 것 같아요. 이것이 행복이란 걸 난 알아요"의 구절처럼 레븐슨은 모든 것을 사랑하는 것으로 생각을 바꾸었다. 이전의 자신을 완전히 떠나보냈다. 그리고 그는 이해한다. 세상이 내 마음의 결과라는 것을. 완전히 가슴을 열고 행복이 나의 내면에 있다는 것을 깨닫는다. 3개월의 시한부 선고를 받았던 이 영적 스승은 3개월 후에 건강을 되찾는다. 그리고 마음의 평화와 이전과는 다른 자신의 모습을 만난다. 그 후 40년의 시간을 더 보낸 후 편안하게 눈을 감았다.

"사랑을 제외한 모든 느낌은 '사랑-아님'의 느낌이다." 그가 제자들에게 가르치고 40년간 실행한 것은 이것이다. 그가 했던 것은 사랑-아님을 모두 사랑으로 바꾼 것이다. 사랑-아님의 느낌을 놓아버린 것이다. 생각과 감정을 '사랑'으로 채운 것이다. 쉬운 일은 아니다. 레븐슨도 자신의 목숨을 걸고 생각과 감정을 변화시켰다. 그는 자신이 바라는 것이 행복이라는 것, 그리고 그 행복은 사랑할 수 있는 자신의 능력에 의해 정해진다는 것을 알았다. 복잡하지 않게 그는 행복에 대한 해답을 제시해주었다. 단순하게 생각해야 한다. 당신은 현실을 사랑 – 아님으로 보고 있다면 그 안을 하나씩 '사랑'으로 채워야 한다.

아침에 일어나자마자 '사랑의 눈'이라는 안경을 썼다고 상상하자. 조금 더 확실하게는 '사랑의 렌즈'를 눈동자에 붙인다고 상상하자. 이제 당신은 모든 것을 사랑의 관점으로 보아야 한다. 아침이 밝아온 사실에 사랑을 보낸다. 햇살과 기온을 느끼고, 호흡하고, 바깥의 소리를 들을 수 있다는 사실을 사랑한다. 몸이 아팠을 때를 생각해 보자. 장염에 걸렸다면 이런 보통의 일상을 대수롭지 않게 여길 수 있겠는가. 출근길 그 자체를 온전히 사랑해보라. 출근 과정에서 단 5분 동안 모든 것을 사랑의 관점으로 보는 연습을 하라. 다른 마음은 다 제쳐두고 오로지 '사랑 – 아님'을 '사랑'으로 바꿔보는 것을 해보라. 게임처럼 해보는 거다.

스마트폰으로 즐거운 노래를 틀어라. 뉴스는 잠시 보지 말자. 꼭 봐야겠다면 그 뉴스들을 보면서 연습해보라. 온갖 부정적인 소식을 보면서 거기서 그럼에도 불구하고 긍정적인 것을 찾는 게임을 하자. '사랑 – 아님'으로 가득 찬 정보에서 '사랑'을 찾아보라. 사람들이 얼마나 상냥한지 찾아보라. 지옥철에서도 당신의 자리를 내주려고 어떻게 해서든 애쓰는 사람들의 선함에 사랑을 보내라. 평생을 살아온 것과 다른 방식이라 낯설 것이다. 그러나 그 연습에서 내 기분이 어떻게 고양되는지 느껴보자. 한정되어 있던 '사랑'의 개념을 확장해보자. 연인 간의 사랑 외에 내 일상 안에서 마주하는 상황과 환경을 사랑으로 바꾸는 연습을 해보자.

끌어당김의 대가로 알려진 에스더 힉스는 이런 말을 했다. "당신은 좋은 기분과 나쁜 기분을 동시에 느낄 수 없습니다." 이건 엄청난 발견이다. 생각을 관찰해보라. 우리는 동시에 좋은 생각과 나쁜 생각을 할 수가 없다. 순차적으로 짧은 찰나에 번갈아가며 할 수는 있다. 그러나 동시에 그렇게 하는 것은 불가하다. '이 식당은 너무 복잡해, 그런데 맛은 있어'의 생각을 예로 들어보자. 식당 환경에 대한 부정적인 생각과 음식에 대한 긍정적인 생각은 절대 동시에 일어나지 않는다. "날씨가 너무 더워. 그런데 아이스 라테는 최고야." "내 연인은 근사해. 그런데 너무 불평이 많아." "집이 너무 좁아. 그래도 집에서 쉬는 게 행복해."

좋은 생각과 나쁜 생각은 동시에 할 수 없다. 그리고 '사랑'과 '사랑-아님'도 동시에 이뤄지지 않는다. 우리는 매 순간 두 가지 중 하나를 선택한다. 좋은 생각과 좋은 감정, 그리고 '사랑'의 상태. 혹은 나쁜 생각과 나쁜 감정, 그리고 '사랑-아님'의 상태. 이 둘 중 선택한다. 당신에게는 선택의 힘이 있다는 것을 기억하라. 원하는 상태에 집중할 수 있다는 사실을 기억하라. 당신은 무기력한 사람이 아니다. 피해자도 아니다. 당신은 선택권을 지닌 사람이다. 당신의 선택이 당신의 현실을 끌어당겨 올 것이다. '사랑'의 상태에 있으면 세상은 당신을 '사랑'의 세계로 안내해준다. 지금까지와는 다른 세계의 문은 당신만이 열 수가 있다.

Right now

싸이의 〈Right now〉노래를 들으며 바다새.K는 스쿼트를 하고 있다. 옆의 근육질의 남자는 거의 100kg에 가까운 무게를 들며 자신의 한계에 도전하고 있다. 바다새.K의 바벨에는 20kg이 끼워져 있다. 옆의 남자 못지않게 자신의 한계에 도전하는 중이다. 우린 저마다 각자 다른 삶의 무게를 짊어지고 있다. 옆 사람이 얼마나 무거운 삶의 무게를 짊어졌는지 보지 말자. 평가하지도 말자. 그리고 내 삶도 평가하지 말자.

마음이 힘들었던 시절 바다새.K는 "당신은 날 이해 못 해"라는 말을 자주했다. 그러나 생각해보면 그도 상대를 이해하지 못했다. 나를 이해할 수 있는 사람은 나밖에 없다. 나의 마음을 책임지자. 나의 마음은 오로지 나만이 키울 수 있다. 다른 삶을 만나고 싶다면 다른 생각을 해야 한다. 내 마음을 작고 옹졸하게 만든 건 내 생각이라는 걸 기억하자. 내가 '사랑-아님'으로 세상을 바라보고 고독하게 산 것도 내 선택이다. '사랑'으로 바라보는 연습을 꾸준히 해보자. 삶의 무게를 짊어지는 나를 사랑해주자.

싸이의 에너지 넘치는 목소리로 "……인생 뭐 있냐고 인생 뭐 있

다고 저마다 존재하는 이유가 있다"라는 가사가 흘러나온다. 바다
새.K는 가사에 감탄하며 자신도 모르게 미소를 짓는다. 당신이 어떤
삶을 살아왔던 간에 그것은 당신의 선택이었고, 당신의 최선이었다.
그 선택을 존중해주자. 그리고 충분히 그런 방식을 살아왔으니 놓아
주자. '사랑'으로 세상을 바라보는 방식을 해본 적이 없을 것이다. 낯
설고 의심스러울 것이다. 그러나 해보지도 않고 내 앞에 열린 문을
닫아버리지 말자. 마음의 겨울을 겪었다면 이제 봄을 맞이해야 할 때
다. 이제 '사랑'을 선택하자.

비가 오면 그치길 기다리거나,
그냥 맞으면서 가면 된다

심각하게 생각할 필요도 없고,
탓할 필요도 없다

비가 그치면 새는 돌아온다

"부끄럼 많은 생애를 보냈습니다." 다자이 오사무의 《인간실격》
은 이 문장으로 시작된다. 바다새.K는 대학생 시절 이 책을 늘 곁에
두고 있었다. 자신의 감정이 그 책을 끌어당겼던 것일 수도 있다. 반
대로 그 책을 곁에 두면서 감정을 더 강하게 만든 것일 수도 있다. 그
는 곁에 있는 그 책을 보면서 자신도 인간으로서 실격이라는 마음을
강하게 키워나갔다. 그리고 잠재의식에 관련된 책을 만나면서 두 가
지의 상반된 감정이 충돌한다. '나는 다자이 오사무처럼 부끄럼 많은
생애를 살아가는 인간이다.' 그리고 '내 생각과 감정이 지금의 현실
을 만들었다.' 그 감정이 충돌되기 시작했다. 충돌은 주체할 수 없는
답답한 마음으로 늘어났다.

바다새.K는 그 날 새벽 버스를 타고 강릉으로 향했다. 3월의 강릉은 생각보다 추웠고, 그는 날씨를 확인하지 않고 떠나 우산이 없었다. 거센 비가 추운 날씨에 우박처럼 변했다. 점심부터 걷기 시작했지만 오후 6시가 되어도 목적지에 도달하기가 힘들었다. 경포호에 도달했을 때에는 이미 만신창이가 되어 있었다. 비에 젖은 옷이 체온을 떨어뜨리고 있었다. 바다새.K는 울었다. 흑색 구름으로 뒤덮인 하늘, 거세게 내리는 비, 추운 날씨, 주변에 잠시 쉴 곳조차 없는 도로가 서러웠다. 지나가는 차들조차 서러웠다. 모두가 편하게 차를 타고 가는 길을 나만 이렇게 가는 것 같았다.

그러나 운다고 방법이 있는 건 아니었다. 바다새.K는 계속 걸었다. 그리고 경포호에서 자신과 똑같이 비를 맞는 남자를 발견한다. 그는 거대한 카메라를 삼각대에 고정시키고 그 앞에서 움직임 없이 앉아 있었다. 바다새.K는 이전에는 한 번도 해본 적 없는 행동을 한다. 그에게 말을 건다. 챙이 넓은 모자를 쓴 남자의 얼굴이 잘 보이지 않는다. 그는 철새 사진을 찍고 있다고 했다. 그러나 거센 비에 호수 위에 철새들은 보이지 않았다. 바다새.K의 마음을 읽었는지 그가 말한다. "비가 그치면 새들은 다시 돌아와요. 그리고 비는 결국에는 그칠 거예요."

그 말에 바다새.K는 정신이 번쩍 들었다. 그리고 침묵을 지키고 싶어 하는 남자를 쳐다보다가 다시 길을 걸었다. 그리고 뒤를 돌아보았다. 그는 여전히 카메라 렌즈를 보는 건지 호수를 보는 건지 앞을 보고 있다. 바다새.K도 빗방울로 촘촘하게 채워지고 있는 호수를 잠시 바라보았다. 뒤에서 갑자기 "빵"하고 작게 경적 소리가 울린다. 택시가 그에게 탈 것인지 묻고 있었다. 바다새.K는 그 택시를 탔다. 축축하게 젖은 옷에서 나온 빗물이 택시 시트를 적셔 미안하다고 말했다. 택시기사가 말한다. "상관없어요. 빗물은 닦으면 되니까요."

숙소에 도착해서 바다새.K는 얼어붙었던 몸을 녹인다. 철새의 사진을 찍은 남자의 말과 택시기사의 말을 곰곰이 생각해 본다. 비는 그칠 거고, 새들은 돌아올 거다. 그리고 걷지 못할 정도로 지치면 택시를 타면 된다, 빗물은 닦으면 된다. 마치 바다새.K에게 '뭘 그렇게 심각하게 생각해'라고 말하는 것 같다. 바다새.K는 깊은 잠에 빠진다. 그리고 새벽에 일어나 다시 길을 나선다. 비는 그쳤지만 흐린 날씨였다. 거센 파도가 몰아치는 바다를 따라 그는 길을 걸었다. 그리고 몇 번 더 엉엉 울었다. 어제와는 다르게 자신에 대한 미안함이 솟구쳐서였다. 자신에게 지나치게 모질게 굴었다는 미안함이 들었다. 스스로를 뾰족한 가시가 잔뜩 박혀 있는 상자에 구겨 넣으며 살아왔다는 것을 알았다. 지금의 생각과 감정으로 살아온 것은 나 자신이었다. 그런데 지독한 자기 연민에 빠져 살아왔던 건 나의 선택이었다. 나는 불쌍해,라는 피해의식에 내 머리를 집어넣어 넣은 것도 나의 선택이었다.

프리 웨이트 존

헬스장에 가면 러닝머신과 사이클 그리고 근력 운동을 위한 기구들이 놓인 공간이 있다. 그리고 '프리 웨이트 존'이 있다. 조작이 어려워 보이는 기구가 놓인 것도 아니다. 누가 못 들어오게 막는 것도 아니다. 그럼에도 진입장벽이 높은 곳이다. 마치 보이지 않는 벽이 놓인 것처럼 섣불리 발을 디디기 어려운 곳이다. 근육질 몸으로 자신의 운동량을 증명하는 남성과 여성들이 묵묵히 운동하고 있다. 당신은 저 공간이 궁금하다. 거울 앞에서 완전히 운동에 몰입하고 있는 저 사람들이 궁금하다. 저 사람들이 처음부터 근육질 몸이 아니었을 걸 알기에 몹시 궁금하다.

헬스장의 프리 웨이트 존을 잠재의식에 접근하는 것과 비슷한 과정이라고 보면 된다. 그 공간이 낯선 것은 아니다. 익숙하게 들었고 보아왔다. 그리고 그 안에 진입한 사람들이 자신의 현재 모습으로 그 힘을 증명하고 있다. 당신은 변하고 싶다. 변할 수 있을 것 같다. 막는 사람은 아무도 없다. 당신이 그곳에 들어가서 춤을 춰도 아무도 뭐라고 하지 않는다. 그러나 어떤 마음의 한계가 당신을 붙잡는다. 용기를 내서 들어가고 싶지만 두렵다. 새로운 세상에 발을 디디는 것은 누구에게나 어려운 일이다. 그러나 모두에게 어렵지만, 그 순간에 용기를 낸 사람이 결국 변화의 기회를 얻는다.

특별한 사람들만이 그 안에서 머물며, 자신을 변화시킬 기회를 얻는 것이 아니다. 그곳은 항상 열려 있다. 잠재의식은 항상 우리가 변화하고자 마음먹으면 변화할 준비가 되어 있다. 크게 복잡해 보이지 않는 도구들이 다양하게 놓여 있다. 덤벨의 크기와 무게도 다양하다. 나는 나에게 맞는 무게를 선택하면 된다. 처음부터 내 몸무게에 가까운 무게를 들 필요는 없다. 그렇게 했다가는 다치고, 놀라서 그곳에서 도망칠 게 뻔하다. 급하게 먹으면 체한다라는 말을 늘 기억하자. 너무 어려우면 주변에 도움을 청해도 된다. 아니면 전문가가 있지 않은가. 트레이너 선생님에게 수업을 요청하면 된다. 어떻게 배울지에 관한 방법론은 다양하다.

우리는 오랜 시간 동안 삶에 대하여 피해자인 것처럼 굴어왔다. 자신이 지금 이렇게 된 것은 이 세상 때문이라고 탓해왔다. 내 삶이 지금 이렇게 된 것은 이 세상이 이렇게 한 것이라고 탓해왔다. 그러나 그렇게 외부 탓을 해봐야 변하는 것은 아무것도 없다. 내 마음의 위로가 되는 것도 아니다. 나는 이 세상에 희생자이고, 피해자라는 마음가짐을 벗어나야 한다. 내 생각을 그 피해자 마음에서 탈출시켜야 한다. 그렇지 않으면 내 생각은 나를 피해자로 가득 찬 인생의 중심부로 데리고 갈 것이다.

바다새.K의 운동 선생님이 그에게 이런 말을 했다. "시간이 없다는 것은 핑계입니다." 바다새.K는 이런 저런 해명을 한다. 그러나 그는 간단하게 말한다. "그래도 시간이 없다는 건 핑계입니다." 바다새.K는 모든 말이 변명이라는 것을 깨닫는다. 핑계를 대려고 하면 끝도 없었다. 변명을 하고자 하면 얼마든지 할 수 있었다. 그러나 그런다고 자신과 삶이 바뀌는 것은 아니다. 시간은 항상 없을 것이다. 나의 체력도 항상 부족할 수 있다. 잠재의식이 변화하는 데 동참하기 쉽지 않을 것이다. 그것에 집중할 여력도 없을 것이다. 그러나 자신이 변화하는 데 방해요소는 모두 핑계가 될 수 있다.

"누구 없소"

한영애의 〈누구 없소〉라는 노래는 "여보세요, 거기 누구 없소"라는 소절로 시작된다. 잠재의식의 입장에서는 그 간절함을 담긴 음성에 '거기에 없소, 여기에 있소'라고 대답할 것이다. 생각과 감정이 내 현실을 바꾼다. 생각과 감정은 내 안에 있다. 밖에서 울부짖으며 찾아봐야 없다. 해답은 늘 내 안에 있다. 이렇게 무한한 힘을 가진 잠재의식 대신 외부에서 답을 찾으려 해도 찾을 수 없다. 선택권도 언제나 나에게 있다. 내 안에 있다.

불쌍한 척을 그만두자. 내가 삶에 피해자이고, 희생자인 시각에서도 벗어나자. 다자이 오사무처럼 스스로를 인간 실격으로 판단하지도 말자. 인간으로 태어났는데 왜 실격당해야 하나. 그렇게 해봤자 나는 더 아래로 가라앉을 뿐이다. 스스로에 대한 너그러움을 잊지 말자. 어쩌면 당신에게는 엄청난 도전과제일 수도 있다. 당신이 뚫고 나가려는 번데기의 껍질이 남들보다 더 단단할 수도 있다. 그래도 찢고 나가야 한다. 그렇게 나비의 날개로 세상 밖으로 나가야 한다. 단한 번도 나비의 삶을 경험해보지 못하고 번데기에서 머무는 건 억울하지 않은가. 자신에게 기회를 주라. 체념하지 말고, 포기하지 말고 스스로에게 변화의 기회를 주라.

나는 무엇을 하더라도
결국에는 잘된 사람이니깐

편안한 마음으로
원하는 것들을 그려보기

생생하게 이뤄진 것처럼 상상하기

생각이 내 현실을 창조한다. 생각의 힘을 받아들이기 힘들 때 우리의 감각기관을 떠올려보자. 시각은 보이지 않는데 보인다. 후각도 보이지 않는데 냄새를 맡는다. 청각도 보이지 않는데 우리는 분명히 소리가 들린다. 눈에 보이지도 않고 만져질 수도 없는데 분명히 존재하는 힘이 있다. 우리들의 감각기관이 그렇다. 중력과 자석의 힘처럼 자연 현상 안에 존재하지만 보이지 않는 분명한 힘이 있다. 우리는 생각의 힘을 그렇게 받아들여야 한다. 생각의 힘을 중력이 존재하는 것처럼 분명히 믿어야 한다.

끌어당김의 법칙에서 핵심은 시각화이다. 내가 바라는 사물과 환경 혹은 상태를 이미지로 구체적으로 그리는 거다. 미래의 내 모습과 이루고 싶은 현실을 현재 생생하게 상상하는 것이다.

네빌 고다르는 마음의 힘으로 우리가 원하는 것을 현실화시키는 방법을 전파한 강연가이다. 60년 전에 쓰인 그의 책들에는 끌어당김의 법칙에 대한 내용이 상세히 적혀 있다. 그리고 그 책으로 영감을 받은 세계적인 자기계발 강사들이 현재 활동하고 있다. 그는 생각의 힘, 특히 상상의 힘을 강조한다. 상상의 힘의 핵심은 간단하다. 지금 원하는 모습이 이미 되었다 상상하면서 그것을 현실처럼 느끼는 것이다.

생생하게 느껴야 한다고 그는 강조한다. 원하는 자신의 모습이 지금 되어 있다고 생생하게 느껴야 한다고 말한다. "원하는 것을 현실 속으로 가져오기 위해서는 소망을 반드시 '아직 현재는 아니라고 말하는 상태'보다는 '현재 이미 그렇게 되어 있는 상태'로 느껴야만 합니다"라고 그는 말한다. 그저 '~했으면 좋겠다'의 소망이 아니다. 현재에 있는 내가 미래에 원하는 바가 성취된 시점에 가 있어야 한다. 그 미래 시점의 감정을 현재 생생하게 느껴야 한다. 생각과 감정이 현실이 된다. 감정은 잠재의식에 맞닿아 있는 부분이다. 이 잠재의식을 상상의 힘에 동참시켜야 바라는 바가 현실에 등장한다.

바다새.K의 지인.P는 가지고 있는 집을 팔고 이사를 가고 싶어 했다. 3년 정도만 머물다 이사를 갈 예정이었는데 집이 팔리지 않았다. 시간이 지연되고 7년이 더 흐르고 있었다. 주변에 신축 집들은 계속 지어지고 있었다. 시간이 갈수록 경쟁매물이 많아지고 있다는 점이었다. 정부 정책이 바뀌면서 현재 매매를 하면 불리하다는 언론이 형성되고 있었다. 주택 시장이 완전히 얼어붙었다는 보도가 미디어에서 흘러나왔다. 그렇다고 헐값에 넘길 수는 없는 노릇이었다. 평생을 열심히 노력한 대가였는데 그럴 수는 없었다.

바다새.K는 네빌 고다르에 대한 이야기를 그에게 해주었다. 네빌 고다르의 스승은 랍비 '압둘라'이다. 네빌 고다르는 1933년 직업도 없는 무일푼일 때 고향인 바베이도스를 가고 싶다고 말한다. 압둘라가 그에게 말한다. "만약 자네가 가고 싶다면, 자네는 이미 그곳에 있는 것이네." 그는 네빌이 직업도 없고 돈도 없는 무일푼 상태라는 것을 신경 쓰지 않는다. 그는 그저 네빌이 바베이도스에 있는 것처럼 현재 느끼면 그곳에 있는 것이라 말했다. 이 이야기를 지인.P에게 해주면서 네빌 고다르의 상상의 법칙을 말해주었다.

잠에 들기 바로 전에 집이 팔렸다는 그 소망을 상상하라고 말해주었다. 그 소망이 이뤄졌을 때의 느낌을 생생하게 반복하라고 말했다. 그 느낌을 현재 느끼는 게 가장 중요하다. 네빌 고다르는 "잠에 들기 직전의 시간을 현명하게 쓰십시오. 소원이 성취되었다는 느낌을 사실로 받아들이면서 그 분위기 속에서 잠자리에 드십시오"라고 말했다. 잠들기 직전에 이런 느낌을 반복하는 이유가 있다. 잠들기 직전의 몽롱한 상태는 현재의식도 쉬는 조용한 단계이다. 현재의식이라는 문지기가 없으면 잠재의식은 마음껏 자신의 힘을 발휘할 수 있다. 집을 새 주인에게 넘기고 계약서에 사인할 때의 그 생생함을 그에게 반복해서 느끼라고 했다.

계약해야 하는 상황이 있을 경우, 계약서에 사인을 하는 그 느낌을 생생하게 반복한다. 혹은 계약하는 상황에 맞는 미래 모습을 상상하며 시각화한다. 얼마 지나지 않아 지인 P의 집이 매매가 되었다고 연락을 받았다. 불안하고 걱정되는 마음이 없이 그 소망이 성취되었을 때의 개운한 감정을 현재 느껴야 한다. 시간의 개념을 건너뛴다고 생각해야 한다. 현재-미래로 시간이 흐르는 상식에서 벗어나야 한다. 소망이 이뤄진 미래를 현재 경험하는 거다.

현실에서 생생하게 느끼기

론다 번의 《더 시크릿》 열풍과 함께 끌어당김의 법칙을 많은 사람들이 알게 되었다. 잠재의식에 관한 정보를 얻는 방법도 다양해졌다. 그런데도 우리가 원하는 바를 이루지 못하는 것은 아이러니하게도 '상상력' 때문이다. 상상하면 이루어진다, 상상하는 대로 된다라는 말에 따라 사람들은 자신이 원하는 것을 시각화한다. 원하는 집, 원하는 차, 원하는 연인 혹은 가족, 원하는 재정상태 등등을 상상한다. 올 여름 휴가로 근사한 숙소를 가고 싶다. 그래서 숙소 중 하나에 머무르는 상상을 한다. 그러나 상상은 현실이 되지 않는다. 숙소를 구하지 못한다.

왜 그럴까. 우선적으로는 잠재의식에 잘못 각인되어 있는 믿음들. 나는 자격이 없다는(가질 자격이 없다) 신념체계, 낮은 자아 이미지를 배제하고 보자. 오로지 상상력과 시각화의 관점에서만 보자. 두 가지의 경우가 있다. 첫째는 간단하게 우리가 그만큼 현실적으로 느끼지 못하고 있어서이다. 네빌 고다르는 말한다. "마음은 계속해서 소망이 이루어진 것을 미래의 것으로만 받아들이려고만 합니다. 왜냐하면 현재의식은 이성과 감각에 의존하기 때문에 아무리 봐도 소망은 아직 실현되지 않았고 지금 현재는 그저 부족한 모습이기 때문입니다."

시각화가 쉽지 않은 이유가 여기에 있다. 상상한 것이 현실화되기 위해서는 잠재의식의 받아들임이 절대적으로 필요하다. 잠재의식이 받아들이기 위해서는 현재의식의 힘이 동반되어야 한다. 잠재의식과 현재의식을 충돌의 개념으로만 설명해서 별개의 것이라는 착각이 들 수 있다. 그러나 기억해야 할 것은 현재의식과 잠재의식 모두 우리의 의식이다. 그리고 생각과 감정이 함께 움직여야 현실이 된다. 현재의식과 잠재의식의 합일이 반드시 필요하다. 그런데 시각화를 할 때면 네빌 고다르의 말처럼 현재의식이 그 사실을 쉽게 받아들이지 못한다.

여기서 절대적인 믿음이 필요하다. 이루어지지 않으면 어쩌지 하는 불안감이 없어야 한다. 지금 전혀 이뤄지지 않고 있는 걸 아는데 이게 맞나 하는 의심이 없어야 한다. 즉 소망을 시각화할 때의 나의 감정은 그 소망이 이뤄졌을 때를 생생하게 느껴야 한다. 동시에 그 어떤 불안감도 없어야 한다. 이뤄진 소망인데 불안하다는 것은 앞뒤가 맞지 않다. 그렇기에 심리학자인 윌리엄 제임스는 "만약 멋진 삶을 살기를 원한다면, 이미 그렇게 살고 있는 것처럼 행동하라. 만약 어떤 인격적인 특성을 원한다면, 그 특성을 이미 가지고 있는 것처럼 행동하라"라는 중요한 말을 했던 거다.

애쓰지 말기

두 번째는 지나치게 간절하다는 이유 때문이다. 간절함에 기인한 시각화에는 그 안에 이뤄지지 않으면 어쩌지 하는 불안이 감춰져 있다. 충분히 사랑받고 있는 사람이 사랑을 간절하게 바라지는 않는다. 충분한 돈이 있는 사람이 간절하게 돈을 바라지 않는다. 충분히 편안한 삶을 사는 사람이 간절하게 다른 삶을 원하지 않는다. 내가 간절한 마음으로 시각화를 실천할수록 현재의식은 반발한다. '이미 이루어진 것처럼 느낀다고 해놓고 왜 이렇게 간절하게 하는 거지'라는 의심을 한다. 심리학자 윌리엄 제임스의 말을 기억해야 한다. 내가 원하는 삶을 이미 그렇게 사는 것처럼 행동해야 한다.

무엇보다 편안한 마음을 가지고 시각화를 진행하는 것. 지나치게 애쓰지 않으면서 상상을 해야 한다. 네빌 고다르가 계속 강조한 부분은 결과가 이미 일어난 것 같은 느낌에 집중하라고 했다. 현재의식이 지금 눈앞에 있는 거라고 착각할 정도로 생생하게 상상하는 것. 그러면서 잠재의식이 그 소망이 이뤄진 감정에 집중할 수 있도록 편안한 마음을 가지는 것이다. 결국은 이 과정을 즐겨야만 한다. 불안함이나 초조함이 끼어들어서는 안 된다.

바다새.K는 새로운 도시로 떠나 새로운 일을 하고 싶었다. 그러나 그의 잠재의식은 두려워하고 있었다. 갑작스러운 변화 안에서 어떤 위험한 상황을 마주할지 두려웠다. 또 상처 받을까봐 두려웠다. 바다새.K는 애쓰지 않았다. 편안한 마음에 집중했다. 그리고 새로운 일을 시작할 때의 기쁨보다는 다른 것을 생생하게 그렸다. 퇴근하고 나서 집 근처에 있는 호수를 산책한다. 그때의 산들바람과 충만한 기쁨에 집중했다. 호수 위의 오리를 보는 자신을 상상하며 그 평온함을 계속 현재처럼 느꼈다. 잠들기 전 그 과정을 반복했다. 매일 과정은 조금씩 차이는 있었다. 어느 날은 호수 위의 오리 대신 산책길에서 마시는 커피향을 상상하기도 했다.

네빌 고다르는 "지금 원하는 것을 인식하고는 이미 내가 성취했다는 것을 사실로 받아들여 그 확신 안에서 걸어 나간다면 나는 그렇게 될 것입니다"라고 말했다. 그 말처럼 바다새.K는 편안하지만 흔들림 없는 확신으로 상상을 현실로 끌어당겼다. 애쓰지 말고 편안하게 하라. 당신의 소망은 현실 안에서 결국 이루어질 거다.

chapter 3

변화를 위해
오른쪽발 내딛기

낡은 습관 벗어내기

끌어당김의 법칙은 내 마음이 편안하고
행복해야 제대로 작동한다

나는 내 욕구를 성취할
책임이 있다

마음에 드는 것이 없는 게 아니라 행복하지 않기 때문이다

생각과 감정은 현실이 된다. 생각과 감정은 그와 비슷한 부류의 것을 내 현실로 끌어당겨준다. 생각과 감정은 눈에 보이지도 않고, 나의 내부에 존재하는 것들이다. 결국 나의 내면에 있는 것들이 외부(현실)를 바꿔준다. 이 말은 믿을 것은 오로지 나의 내면이라는 것이다. 지금 당신은 당신 자신이 마음에 들지 않는다. 그리고 그런 당신 주변에 펼쳐진 현실도 마음에 들지 않는다. 내 자신과 내 현실을 바꿀 수 있는 열쇠는 나의 내면에만 존재한다.

당신은 변화를 꿈꾼다. 개혁에 가까울 정도로 모든 것이 변하길 바라고 있다. 지금이 마음에 들지 않는다는 의미는 간단하게 행복하지 않다는 말이다. 내가 행복으로 충만한 상태이고, 스스로가 좋고 만족스럽다면 변화를 바랄 리 없다. 그러면 현실에서 행복감을 느끼고, 나를 사랑하면 모든 것이 해결된다. 건강한 자기애를 가지며 사는 것이 즐거운 사람은 모든 일이 술술 풀린다. 일이 꼬이는 사람들은 현실과 자신에 대해 애정이 없는 사람들이다.

당신은 지금 행복하지 않고, 삶을 변화시키고 싶다. 내가 원하는 소망들을 모두 이루고 싶다. 그래서 잠재의식의 힘을 사용하고, 끌어당김의 법칙을 활용하고 싶다. 그러나 잘되지 않는다. 이유는 끌어당김의 법칙은 내 마음이 불안하거나 부정적인 상태에서는 이뤄지지 않기 때문이다. 오히려 더 악영향을 미친다. 같은 것을 끌어당겨온다고 했으니, 같은 불안을 끌어올 것이다. 같은 부정적인 것들을 모두 끌고 올 것이다. 삶이 더 꼬일 수밖에 없다.

지금 삶에서의 최초의 기억을 떠올려보자. 그게 몇 살일지는 모두 다를 것이다. 아무튼 삶에서의 최초의 기억을 생각해보자. 그리고 그 시점에서부터 지금까지를 잠시 살펴보자. 당신의 삶에서 '행복해지는 법'이나 '나를 사랑하는 법'을 배운 경험이 있었는가. 학교에서 교과목으로 그런 수업을 들은 적이 있나. 혹은 운 좋게 훌륭한 스승을 만나서 구체적인 방법을 배운 적이 있나. '우린 모두 슈퍼스타로 태어났어'라고 레이디 가가의 노래 〈Born this way〉 가사처럼 말해준 누군가가 있었는가. (My mama told me when I was young. We are all born superstars.)

장래희망에 대한 질문은 끝도 없이 받았었다. 반대로 나를 행복하게 하는 방법에 대해 질문 받은 적이 있었나. 혹은 나 자신을 사랑하는 방법에 대해 질문하고 답하는 기회가 있었나. 성인이 돼서 행복을 찾는 과정에서 그런 내용의 책들을 수도 없이 찾아봤을 것이다. 그래서 당신은 방법을 찾았는가. 어떻게 해야 행복하고, 어떻게 해야 나 자신을 사랑할 수 있는지 알았는가. 어쩌면 찾아볼 필요가 없었을지도 모른다. 지금 행복을 느끼지 못하고, 나를 한심하게 보고 있지 않은가. 그 방법과 전혀 다르게만 가면 되는 것이라 생각하면 해답은 쉽게 나온다. 당신은 자신을 과소평가하지만 않으면 된다.

내 얼굴에 침 뱉기

당신은 '내 얼굴에 침뱉기'를 지나치게 꾸준히 실천해왔다. 스스로를 과소평가해온 것이다. 지금 당신의 현실은 당신이 창조해낸 거다. 당신의 생각과 감정으로 전부 끌어들였다. 그런 힘을 가지고 있는 당신은 스스로를 지나치게 과소평가했다. 지금 행복하지 않고, 내 자신이 불만족스럽다. 다 쓸어버리고 다시 시작하고 싶다라는 현재의 감정도 끌어들이고 있다. 콩 심은 곳에는 콩이 난다고 했다. '행복하지 않음'과 '스스로에 대한 불만족'을 심었으니 이제 그 싹이 틔어날 거다.

"행복한 사람이 똑똑한 사람이다." 심리학자이자 웨인 다이어는 《행복한 이기주의자》에서 이렇게 말한다. 그의 말을 기억해야 한다. 행복한 사람은 세상 물정 모르는 사람이 아니다. 행복한 사람은 온실 속의 화초처럼 자라온 사람도 아니다. 그들은 똑똑한 사람들이다. 그들은 생각과 감정의 무한한 힘을 알고 있는 사람이다. 부정적인 생각과 부정적인 감정이 자신의 현실에 끌어당겨지는 것을 막는 똑똑한 사람이다. 학교에서 배우지 않은 지혜를 터득한 현명한 자들이다.

바다새.K의 친구.M에게 전화가 걸려온다. 그는 바다새.K의 안부를 물으며 전화의 목적으로 자연스럽게 흘러간다. 불평이 시작된다. 인생과 자기 자신에 대한 푸념이다. 현재에서 시작된 하소연이 더 먼 곳까지 흘러간다. 주변에 있는 좋은 집안에서 태어난 지인에 대한 이야기까지 나온다. 너무 우울하고 불행하다는 말은 반복해서 한다. 그는 그 말에 담긴 생각과 감정을 그 순간에 또 끌어당긴 셈이다. "행복에 집중해 봐"라는 말에 그는 "나도 알아, 그런데 그게 쉽지 않다는 거 알잖아." 당연히 쉽지 않다. 그러나 그 쉽지 않다는 말이 그 순간 또 끌어당겨온 셈이다. 거울에 반사된 자기 얼굴에 침을 뱉은 꼴이다.

일이 풀리지 않는다고 말하고 생각하면 현실은 그렇게 된다. 현실은 너무 불공평하다고 말하면 역시나 그렇게 된다. "말이 씨가 된다"고 했다. 그 말들 하나하나에 생각과 감정이 담겨 있다. 당신은 지금 그 씨들을 잠재의식에 심은 셈이다. 행복한 사람들은 똑똑한 사람들이라고 했다. 그들이 할 줄 몰라서 그런 불평에 찬 말들을 하지 않는 것이 아니다. 그들이 그렇게 하는 게 어려워서 부정적인 생각을 하고, 부정적인 감정에 자신을 방치하는 것이 아니다. 말이 씨가 되고, 콩 심은 곳에는 반드시 콩이 난다는 것을 알고 있기 때문이다.

부자와 지식인(지성인)들, 배우나 가수, 예술가, 운동선수들은 부러워하고 높이 본다. 그러나 어째서 행복한 사람들을 그렇게 가볍게 넘겨보는가. 그들을 관찰하고 시선을 바꿔라. 당장 당신이 되야 할 사람은 그 사람들이다. 똑똑한 사람의 부류에 합류해야 한다. 당신이 타고 있는 배는 금방이라도 가라앉을 것 같은 낡은 나무배이다. 거기서 내려서 행복한 사람들이 타고 있는 크고 튼튼한 배로 옮겨야 한다. 당신은 당신 스스로를 이제 책임져야 한다.

잠재의식은 내가 품고 있는 것을 그대로 거울처럼 현실에 반영해준다. 당신이 지금까지 행복하게 살아왔다면 거울은 투명할 것이다. 반영되는 당신의 현실도 그와 같이 흘러갈 것이다. 그러나 지금까지 불행과 슬픔에 초점을 맞춰 살아왔다면 거울은 뿌옇고 오염되어 있을 것이다. 그렇게 만든 것은 당신이다. 그 거울에 계속 침을 뱉고 오물을 묻힌 것은 당신이다. 변화를 결심했다면 거울을 닦아야 한다. 그러면 현실은 그와 같이 흘러갈 것이다. 당장 무엇부터 해야겠는가. 거울에 침을 뱉는 것부터 멈춰야 한다. 자기 얼굴에 침을 뱉는 행위를 멈춰야 한다.

나의 행복을 누가 책임질 수 있겠어

행복해지고, 나 자신을 사랑하는 것을 내 삶의 최우선 목표로 삼자. 내가 태어난 이유라고 마음먹어도 좋다. 지금 여기까지 읽었다면 이제 스스로에 대한 책임감을 다시 다잡아야 한다.

너새니얼 브랜든은 《자존감의 여섯 기둥》에서 책임감에 대한 문장들을 제시한다. "나는 내 욕구를 성취할 책임이 있다." "나는 나의 행복에 책임이 있다." "나는 내가 받아들이고 선택한 삶의 가치에 책임이 있다." 너새니얼 브랜든은 적극적 삶을 위하여 스스로에 대한 책임감을 가져야 한다고 말한다. 그리고 책임감은 내 행동과 목표를 달성하기 위한 핵심이라고 말한다.

당신은 현재 원하는 꿈이 있다. 그 꿈을 위해서 잠재의식의 힘이 필요하다. 그러기 위해서는 현재의식과 잠재의식의 일치화가 핵심이다. 내 생각과 감정을 같은 것으로 해야 원하는 바가 성취된다. 당신이 삶에 책임감을 가지기로 결심한다. 앞으로의 행복과 스스로에 대한 시선에도 책임을 지기로 결심한다. 그 책임감에 대한 결심은 당신이 행복에 닿을 수 있는 길을 조금씩 열어주는 열쇠이다. 행복함으로 충만한 상태에서는 좋은 생각과 좋은 감정이 자연스럽게 흘러나온다. 생각과 감정의 일치화는 현재의식과 잠재의식의 일치화와 동일하다. 두 의식의 일치화는 반드시 현실에 좋은 방향으로 나타난다. 내가 느끼는 행복에 책임감을 가지자.

행복은 느낌이다. 나에 대한 사랑 혹은 만족감도 느낌이다. 그 느낌에 머물고 있으면, 끌어당김의 법칙은 그 느낌과 동일한 것을 데리고 올 것이다. 그 느낌을 연습하라. 그 느낌의 씨앗을 잠재의식에 심고 식물을 키우는 것처럼 정성껏 돌보자. 콩 심은 곳에는 콩이 난다. 그 느낌의 씨앗은 그 씨앗과 동일한 싹을 틔울 것이다. 씨앗을 심는 것, 씨앗을 키우는 것에 모두 책임감을 가지자. 그 씨앗을 무사히 잘 키워내는 것은 오로지 당신의 책임이다.

여행길이 즐거워야,
여행이 즐겁다

과정이 행복해야,
결과도 행복하다

심자마자 싹을 틔우는 씨앗은 없다

소설가 베르나르 베르베르의 《상대적이며 절대적인 지식의 백과 사전》에는 이런 이야기가 나온다. 1950년 포르투칼산 포도주를 나르는 운반선에서 일어난 일이다. 한 선원이 모든 짐을 내리고 확인차 들어갔던 냉동 컨테이너에 갇히게 된다. 냉동실의 문이 워낙 두꺼운 탓에 그의 구조신호를 아무도 듣지 못한다. 스코틀랜드에 정착했던 그 배는 다시 포르투갈로 떠난다. 냉동실 안에는 식량도 충분했지만 갇힌 선원은 절망적이었다.

그는 자신이 갇혀 있던 냉동창고 벽에 고통의 과정을 생생하게 기록한다. 냉기로 몸이 마비되어 가는 과정들을 적었다. 동상으로 온몸에 전해지는 고통스러움을 상세히 묘사했다. 자신이 어떻게 냉동창고에서 서서히 얼어 죽는지를 기록한 것이다. 배가 항구에 다시 정박하여 냉동창고의 문이 열었을 때 죽어 있는 선원을 모두가 발견한다. 그 선원이 냉동창고 벽에 적어둔 기록을 보고 모두가 아연실색한다. 냉동창고는 출발 전 장치를 꺼두어서 내부 온도는 19도였기 때문이다. 그럼에도 선원은 식량까지 넉넉했던 그 냉동컨테이너에서 저체온증으로 사망한 것이다.

상상이 그 선원을 죽음에 이르게 했다. 자신이 냉동창고 안에 갇혔고, 그 냉동창고가 당연히 작동 중이라는 생각이 그를 죽였다. 산소결핍이나 굶주림으로 죽은 것이 아니라 저체온증으로 죽었다. 그의 신체에는 실제로 동상과 같은 증상이 몸에서 발견되었다. 이 사례는 잠재의식의 힘에 대한 것을 말해준다. 잠재의식의 힘으로 원하는 미래를 끌어오는 것에서 '시각화'가 있다. '시각화'는 미래를 생생하게 그리는 것이다. 현재에 있음에도 미래를 현재화시키는 거다. 이 원리는 잠재의식이 현실과 상상을 구분하지 못한다는 점을 이용하는 것이 핵심이다.

그리고 이것과 함께 선원의 죽음이 말해주는 것이 또 하나 있다. 선원은 상상력과 함께 점진적으로 이루어진 과정에 의해 비극을 맞이했다. 모든 것은 이렇게 단계별로 이루어진다. 모든 것에는 과정이 있다. 씨앗을 심었으면 그것은 잠재의식이라는 흙에서 조금씩 발아한다. 씨앗을 심자마자 갑자기 《잭과 콩나무》의 나무처럼 쑥쑥 올라오지 않는다. 그것은 자연을 거스르는 법칙이다. 잠재의식은 자연에 따르는 법칙이라고 생각하자. 우리에게는 과정이 중요하다.

당신에게 소망이 있다. 예를 들어 원하는 회사에 취직을 하는 거라고 가정하자. 그는 회사에 다닐 때의 어떤 이미지를 상상해서 즐겁게 '시각화'를 반복한다. 한 일주일 정도 반복하자 불안이 올라오기 시작한다. '왜 아무 일도 안 일어나지?'라는 생각이 든다. 초조함도 느낀다. 그러나 다시 긍정적인 생각과 감정으로 시각화를 반복한다. 그러다 다시 불안해진다. 이 과정은 한 걸음 나갔다가 뒷걸음질 치고 다시 나아가는 것과 같다. 결국에는 제자리걸음만 한 거다. 제자리에서 왔다 갔다만을 반복한 셈이다. 현실도 제자리에 머무른다.

목표 지향주의에서 과정 지향주의로

우리는 목표지향주의 시각으로 살아온 사람들이다. 학창시절에는 좋은 대학을 목표로 사는 것에 길들여졌다. 대학에 가서는 좋은 직장에 취직하는 것이 목표가 된다. 그 이후는 좋은 사람과 결혼. 그 이후는 내 집 장만 혹은 아이 갖기. 그 이후는 아이 잘 키우기. 그 이후는 또 아이 좋은 대학 보내기 등등. 하나의 목표를 삼고 그 목표를 달성하기 위해 달려온 삶이 익숙하다. 비디오 게임에서 캐릭터가 최종 보스를 물리치기 위해 나아가는 단계와 비슷하다. 최종 보스가 나올 때까지 작은 적들을 물리치며 미션을 수행한다. 최종 보스를 물리치면 다음 보스를 물리치기 위해 미션을 수행한다. 끝판왕 보스까지 나오기까지 이런 과정이 반복된다.

우리는 지금 그 게임 속의 캐릭터와 같다. 캐릭터를 조작하는 것은 결국 나이다. 그런데 그 게임을 참여하는 과정은 어떠한가. 하나의 과제처럼 어느 일정 시간 안에 두고 게임을 하는가. 그렇지는 않을 것이다. 그 과정이 재미있기 때문에 당신은 그 게임을 끝까지 하는 거다. 끌어당김의 법칙을 실천할 때는 이 과정에 균형을 맞추고 잘 기억해야 한다. 당신의 목표(=최종 보스를 만나는 것)는 중요하다. 그래야 다음 단계로 나아갈 것이다. 그러나 그 목표를 달성하는 과정(=보스를 만나기 전까지의 게임)은 숙제처럼 억지로 해서는 안 된다. 목표지향적 시각은 유지하되 빨리 해치워 버리고 싶은 것이 돼서는 안 된다.

선원이 자신의 죽음을 기록하는 것과 죽음으로 가는 과정은 같다. 매일을 공포와 절망의 감정의 과정이었다. 과정들이 결국 내 소망을 현실로 만든다. 끌어당김의 법칙은 내 마음이 불안할 때는 소용이 없다. 그 불안에 관련된 현실을 끌어당기는 꼴이니 내 소망을 이루는 것과 관계가 없다. 불안의 감정을 느끼는 것은 소망이 이뤄진 현실에서 뒷걸음질 치는 거다.

영적 지도자 에스더 힉스는 《볼텍스》에서 이렇게 말한다. "성공을 하게 됨으로써 그만큼 더 행복해질 것이라고 믿기 때문이 아닌가요? 그런데 행복을 지불해 버리면 어떡한단 말입니까?" 소원을 성취하기 위한 과정이 행복해야 나의 소망이 이루어졌을 때 행복해진다.

과정들에서 행복을 느끼지 못하는데 소원이 성취된 이후가 행복할 거라고 바라면 안 된다. 목표지향적인 삶을 유지하되 목표만 고집스럽게 바라보는 집착에서 벗어나야 한다. 체중감량을 생각해보

자. 바다새.K는 현재 몸에서 10kg을 감량하고자 결심한다. 이제부터 10kg 살이 빠진 모습이 그가 원하는 현실이다. 그러나 경험해본 사람들은 알겠지만, 체중감량은 고통스럽다. 우선 음식에 대한 제약이 생긴다. 먹으면 안 되는 음식들이 대부분이다. 먹을 수 있는 것은 고구마나 야채, 견과류 같은 것들이다. 몇 시 이후에 먹어서는 안 된다. 그리고 운동을 해야 한다. 이렇게 참고 참아가며 결국 체중 감량에 성공한다.

이렇게 체중감량에 성공하고서 그것을 유지하는 사람이 얼마나 될까. 성인 10명 중 9명이 다이어트에 실패하거나 요요를 경험한다고 한다. 오로지 목표를 바라보았고, 목표를 달성하고 나서 행복감도 느꼈을 것이다. 그러나 그 과정이 고통스럽고 즐겁지가 않으면 목표를 이루고 나서도 행복은 오래 가지 못한다. 바다새.K는 수십 번의 다이어트 끝에 과정을 즐기고자 한다. 운동에 재미를 붙이기 시작한다. 먹는 것을 크게 조절하지도 않고 그저 운동을 즐긴다. 몸이 변하는 것을 느끼며 더 즐거워하며 운동을 한다. 결국 그는 살이 빠지거나 몸이 예쁘게 변할 거다. 그리고 요요가 오지도 않을 것이다. 과정들이 모여서 소망이 이뤄지는 것을 기억하자.

과정을 신뢰하는 연습하기

과정을 신뢰하는 연습을 하자. 잠재의식의 힘을 자연의 법칙처럼 생각하자. 식물이 꽃을 피우기 위해서는 과정이 있다. 나무에서 열매를 맺기 위해서는 거쳐야 하는 과정이 있다. 올챙이가 개구리가 되기 위해서는 과정이 있다. 생명체가 태어나서 아기에서 성체가 되려면 거쳐야 하는 단계가 있다. 잠재의식의 힘에도 거쳐야 하는 과정들이 있다는 것을 기억하자. 서두르거나 조급해하지 말자. 꽃은 피어나고 열매는 맺힌다. 올챙이는 반드시 개구리가 되고 애벌레는 반드시 나비가 된다.

우리는 요요현상을 겪어서는 안 된다. 요요현상의 무서운 점은 체중을 감량하고 나서 원래의 나보다 더 체중이 불어난다는 점이다. 과정을 중요시하지 않고 목표만을 바라보면 요요현상을 겪는다. 원하는 소망이 있다면 그 과정들에서도 소망이 이뤄졌을 때와 같은 감정이 따라야 한다. 시각화의 핵심을 기억하자. 시각화는 소망이 이뤄졌을 미래의 감정을 반복해서 느끼는 것이다. 19도의 온도에서 저체온증으로 공포로 죽은 선원을 기억하자. 그는 매시간 공포의 단계를 거쳤고 그 과정이 그를 죽음에 이르게 했다. 과정이 고통스러우면 결과도 고통스러울 거라는 걸 기억하자. 콩 심은 곳에는 반드시 콩이 나기 마련이다.

이유 없이 생기는 불안과 슬픔은 없다

잠재의식에 어떤 믿음이 숨겨져 있는지 찾아내기

"나의 내면에 어떤 부분 때문에 내게 이런 일이 생긴 거지"라는 질문하기

당신은 어떤 일을 마주한다. 그러면 이제부터는 해야 할 일이 있다. '어째서 내게 이런 일이 생긴 거지'라고 자신에게 묻는 연습이다. 왜 나한테 이런 일이 생긴 것인지 하소연하라는 의미가 아니다. 나에게만 그런 나쁜 일이 생긴 것처럼 피해의식을 가지라는 것도 아니다. 그저 스스로에게 진솔하게 물어보는 거다. 정확하게는 나의 잠재의식에게 물어보는 거다. 내 잠재의식에 어떤 씨앗이 심어 있어서 현실에서 싹을 틔운 것인지 찾는 것이다.

생각과 감정이 현실을 만든다. 나의 내면이 외부를 만든다. 내 현실은 결과이다. 생각과 감정이 원인이다. 결과를 바꾸기 위해서 생각과 감정을 살펴보아야 한다. 당신의 인생이 자꾸 꼬인다고 생각하면 그 이면의 생각과 감정을 들여다봐야 한다. 자라난 싹은 이미 현실에 발생한 결과이다. 그 싹을 잘라내면 어떤가. 소용이 없다. 그 씨앗이 여전히 잠재의식에 심어 있는 한 싹은 계속 자라날 것이다.

초능력자이자 작가인 비탈리 게베르트 이렇게 말했다. "문제가 생겼을 때는, 그것이 돈 문제든 가족 문제든 건강 문제든 간에, 먼저 당신 자신을 깊이 들여다보고 자신의 어떤 생각과 두려움과 확신이 이런 상황을 만들었는지 깨닫는 것이 중요합니다." 이제 그의 말대로 문제가 생겼을 때는 내 자신을 되돌아봐야 한다. 나의 잠재의식에 어떤 씨앗이 심어져서 이런 현실이 발생했는지 보아야 한다. 끌어당김의 법칙은 우리가 이 원리가 작동한다고 알기도 전에 작동하고 있었다. 잠재의식은 우리가 그 무한한 힘을 알기도 전에 작용하고 있었다.

현실 문제가 발생한 것은 당신이 끌어들인 것이다. 내 마음의 결과이다. 우리가 흔히 하는 얘기가 있다. 여자들은 아빠 같은 남자를 만난다. 혹은 딸들은 엄마의 인생을 닮는다,이다. 그 말이 무슨 의미인가. 자라나면서 아빠 같은 남자를 보아왔다. 엄마의 인생을 옆에서 바라보았다. 내 잠재의식에 그 씨앗이 심어진 거다. 내가 현재의식에서 노력하지 않아도 잠재의식이 같은 현실을 끌어당긴다. 내가 일부러 찾지 않아도 아빠 같은 남자를 만나게 되고, 엄마의 인생을 답습하게 된다. 이렇게 우리가 자각하지 않으면 잠재의식은 계속 작용할 것이다.

당신이 진정으로 사랑하고 사랑받길 원한다고 해보자. 잠재의식에 '사랑'에 관해 어떤 믿음이 심어져 있는지 들여다봐야 한다. 어린 시절부터 부모님의 다투는 모습을 보아왔다면 잠재의식은 사랑을 불신할 것이다. 미디어에서 사랑으로 망가지는 남녀의 모습을 보아왔다면 잠재의식은 사랑을 파멸로 믿고 만다. 나의 믿음에 사랑에 관하여 불신과 자기파괴로 심어질 거다. 그렇다면 나에게 다가온 연인들은 그와 맞는 사람들일 것이다. 잠재의식이 믿고 있는 것은 반드시 현실에서 재생이 된다.

로또 당첨의 저주라는 말이 있다. 로또 1등에 당첨되고 그 후에 삶이 비극적으로 된 사람들의 이야기다. 자살한 사람들까지 있어서 뉴스에 나온다. 그중 영국의 환경미화원으로 성실하게 살아오던 20대 젊은이는 190억에 당첨되었는데 9년 만에 재산을 탕진한다. 그는 두 번의 자살 시도를 한다. 한화로 1041억 원의 미국 파워볼에 당첨된 잭 휘태커라는 남성의 일화도 있다. 그는 5년 만에 복권당첨금을 탕진하고 안타깝게도 외손녀와 딸이 죽음에 이르게 된다. 상식적으로 그렇게 큰 금액을 손에 쥐었으면 행복해지는 것이 맞다. 그러나 돈이 무서운 속도로 빠져나가고 인생은 로또 당첨 전보다 비극적으로 변한다.

하나의 이유만으로는 들 수 없지만, 잠재의식의 관점에서 보자. 돈과 부에 관하여 나의 잠재의식에 부정적인 믿음이 심어져 있다고 해보자. '돈은 나쁜 것', 혹은 '부자들은 욕심쟁이' 등의 믿음이 있다. 그 믿음들은 내 돈을 담을 그릇에 구멍이 난 것과 같다. 그릇의 크기도 애초에 크지도 않다. 그런데 거기에 내가 받아들이기 어려운 금액이 쏟아져 들어온다. 만약 구멍이라도 나 있지 않으면 괜찮을 거다. 그런데 이미 그릇에 구멍까지 나 있다. 들어온 돈과 행운이 넘친다

하더라도 구멍이 있으면 당연히 새어 나간다.

"왜 그렇게 생각해?"라는 다정한 질문

보물찾기라고 생각하자. 연애문제가 있거나 재정문제가 생겼을 때 왜 이런 문제가 발생했는지 내 마음을 캐내어 보자. 바다새.K는 자꾸만 연애가 어긋나자 도대체 무엇이 문제인지 묻기 시작했다. 노트를 펼쳐서 "어째서", "왜"라는 질문을 했다. 이건 당신만의 문제다. 당신만이 풀 수 있다. 그는 그 자신의 낮은 자존감을 알고 있었다. 그리고 그 낮은 자존감 안에 "나는 사랑받을 자격이 없다"라는 씨앗이 심어져 있는 것을 찾아낸다. 잠재의식의 그 믿음이 그를 사랑해주려는 사람에게 상처를 준 거다. 그가 사랑하려는 사람을 밀어낸 거였다. 이 믿음을 해결하지 않는 이상 현실에서 그 문제는 반복될 것이다.

문제 이면에 숨겨진 '믿음'을 보물찾기처럼 찾아내자. 돈이 자꾸만 부족하면 그 이면에 '나는 여유 있게 살 자격이 없어'라는 마음이 숨겨진 건 아닌지 스스로에게 물어보자. 자신도 모르게 잠재의식에 '~할 자격이 없다'라고 한계를 짓는 마음이 있는 건 아닌지 물어보자. 더 큰 행복을 누리기 위한 걸음을 붙잡는 건 내 마음에 있는 사슬이다. 지금 현실은 당신의 생각과 감정의 결과물이다. 내 생각과 감정에 책임을 져야 한다. 자신에게 진실되게 물어봐야 한다. 불안함을 느낄 때도 마찬가지이다. 이유 없는 감정은 절대로 없다. 감정은 잠재의식이다. 현재의식의 생각이 원인이 되었거나 잠재의식에 감춰진 믿음이 원인이다.

감정이 그렇게 흘러가는 원인이 항상 있다는 것을 기억해야 한다. "이유 없이 불안해"라고 마음의 목소리가 들린다. 그러나 이유없는 불안은 없다. 노트를 펼쳐서 "왜 불안해?"라고 대답이 나올 때까지 물어보아야 한다. 이런저런 대답 끝에 "미래가 불확실해서 불안해"라고 나왔다고 해보자. 이게 끝이 아니다. 그러면 다시 "왜 미래가 불확실할 거라고 생각해?"라고 물어야 한다. 당신은 이제부터 "왜 그렇게 생각해?"라는 질문에 익숙해져야 한다. 미래가 불확실해서 불안하다는 의미는 결국에는 나에 대한 신뢰가 전혀 없다는 의미다. 미래를 사는 것은 나다. 그런 나를 믿지 못한다는 의미다. 이제 잠재의식의 감춰진 믿음을 찾았다면 해결해야 한다.

당신이 일을 하고 있다면 이 일을 성실하게 하면 불안할 이유가 없다고 말해줘야 한다. 취업이나 다른 이유로 공부를 하고 있다면 그 결과가 좋을 거라고 확신을 줘야 한다. 당신의 잠재의식에 나는 계속 노력할 거라는 현실적인 이야기를 해주어야 한다. 현재의식인 생각을 그렇게 설득시켜야 한다. 현재의식과 잠재의식은 절대 별개가 아니라는 점을 기억하자. 현재의식의 "왜 그렇게 생각해?"라는 질문을 통하여 잠재의식의 감춰진 (잘못된) 믿음들을 찾아내자. 그런 믿음들로부터 자유로워지면 어차피 잠재의식은 제 힘을 발휘할 것이다. 만약 잘못된 믿음들이 그대로 심어진 잠재의식이라면 크고 다양한 문제들만 끌고 올 것이다.

"인간은 스스로 믿는 대로 된다"라는 명언을 기억하자

우리의 잠재의식은 7살 이전에 세상의 믿음들을 모두 흡수했다. 그리고 이 사실을 큰 의심 없이 살아왔다. 삶에 문제가 발생하는 것이 잠재의식에 심어진 믿음이 싹을 틔운 것이라고 생각조차 못 했다. 같은 믿음을 흡수한 주변 사람들이 당신의 불안한 마음을 부채질했을 거다. 이제 당신은 이 사실을 알았다. 러시아 소설가 안톤 체호프가 "인간은 스스로 믿는 대로 된다"라는 말의 의미를 알게 되었다. 그전에는 몰랐을 뿐이다. 그러나 이제 진실을 알았다면 책임감에서 물러날 수 없다. 지금부터는 문제가 발생하면 잠재의식에 감춰져 있던 믿음의 씨앗이 발아한 것을 잊지 말자.

문제가 발생한 것에 긍정적인 시각을 가지자. 이 덕분에 내 잠재의식에 감춰진 믿음 하나를 찾을 기회라고 생각하자. 이 기회에 잘못 심어진 그 씨앗을 잠재의식에서 완전히 캐내 버리자고 결심하자. 내가 가진 가치관들을 점검해보자. 넓게는 인생 전반에 대한 가치관도 좋다. 너무 막연하다면 당장 내가 돈에 대해 어떻게 생각하는지 살펴보자. 일에 대해서 어떻게 생각하고 사랑에 대해 어떻게 믿고 있는지도 살펴보자. 어떤 인물을 동경하는지도 보자. 그 인물의 어떤 부분을 동경하고 존경하는지 이유를 찾아보자. 스스로에게 다정하게 묻자. "왜, 어째서." 그리고 "왜 그렇게 생각해"를 답이 나올 때까지 물어보자. 잠재의식은 항상 답해줄 것이다.

언제나, 무슨 일이 있더라도
나를 우선시하기

잠재의식에게 나는 항상
나의 편이라고 말해주자

항상 나의 시선보다 타인의 시선을 우선시하며 살아온 나날들

남의 시선을 의식하는 게 익숙한 우리다. 친구를 만나러 옷을 고를 때 내가 입고 싶은 옷을 입는 것은 둘째이다. '항상 남들의 시선에서 봤을 때 괜찮은가'를 우선으로 삼는다. 남에게 검열받는 것을 자연스럽게 경험하며 살아왔다. 생각해보면 바다새.K의 신체 콤플렉스는 스스로 발견한 것이 아니다. 타인의 지적으로 자각을 가지게 되었다. 남의 지적이 없었더라도 매 순간 이미지로 접하는 미디어 속의 완벽한 인물들과 비교를 한다. 누군가가 미디어 속의 인물이 모든 분야의 전문가들이 참여한다는 것을 알려준 적이 있던가. 나와 남이 다르게 생겼다는 자각은 중요하다. 왜 내가 그들이 가진 외모가 아닌가라는 생각이 문제이다.

바다새.K가 신체 일부를 지적받았다고 해보자. 예를 들어 팔이 두 껍다라는 말을 들었다고 해보자. 그전에 그는 자신의 팔을 그렇게 자세히 관찰하지 않았다. 그러나 그 말을 들은 이후로 이제 바다새.K는 거울에서 자신의 팔뚝을 가장 먼저 본다. 만나는 사람들의 팔뚝을 유심히 본다. 적어도 당신이 만약 상대의 외모를 지적하는 입장이라면 꼭 기억해야 한다. 내가 상대의 결점을 말하는 순간 상대도 나의 결점을 보리라는 점이다. 결국 내 얼굴에 침 뱉기이다.

그렇게 자기 검열이 시작되었다. 외모뿐만 아니라 내가 가진 능력이나 환경에 대한 검열도 시작된다. 영화 매트릭스에서처럼 우리는 인큐베이터 같은 곳에서 다 같이 자라오지 않았다. 각자 다른 양육자와 각기 다른 양육 스타일로 성장했다. 그 성장 과정에서 접하게 되는 다양한 정보들로 또 다르게 자라난다. 그럼에도 불구하고 우리는 타인의 능력과 타인의 환경을 동경한다. 생각과 감정은 현실이 된다. 이렇게 자기 검열이 계속되는 와중에 나의 감정은 어떻게 흘러가겠는가. 절대 자신감 넘치고 위풍당당하지는 않을 것이다.

스스로에게 가해진 폭력이라고 생각하자. 누가 나를 찰싹 때리는데 가만히 맞고만 있는 사람은 없다. 그러나 자존감이 낮으면 자신이 맞을 정도로 하찮은 사람이라고 착각할 수 있다. 오히려 나를 때린 사람을 옹호할 가능성도 있다. 스스로가 지나치게 방어 위주의 삶을 살아왔다고 인정하자. 그리고 이제는 그 방어 위주의 삶에서 조금 벗어나자. 누군가 나를 이유 없이 때렸다면 가만히 앉아 있지 말자는 의미다. 내가 왜 맞아야 하는지, 슬퍼하기 전에 저 사람이 뭔데 나를 때려라는 당연한 반응을 보이자.

"그래서 뭐, 어쩌라고"라는 자기보호를 위한 내적 주문

타인이 당신을 평가하는 것에 당신은 익숙하다. 타인이 당신을 검열하는 것에도 익숙하다. 누가 나의 외모를 지적할 때 그냥 가만히 있지 말자. 멀쩡했던 내 귀한 신체 일부가 콤플렉스로 전락하게 놔두지 말자. 뾰족한 날이 선 마음으로 살아가자는 의미가 아니다. 타인이 당신을 멋대로 평가하게 놔두지 말자. 누군가의 평가 담긴 말을 들을 때 맞받아쳐서 싸우라는 의미가 아니다. 그런 말을 들었을 때, 그 말을 받아들이지 말자는 의미이다. 상처받는 말들은 안타깝지만 계속 들으며 살아가야 한다. 그러나 그 상처의 말을 내가 받아들이지만 않으면 헛소리에 불과하다.

외모에 관련된 지적, 능력과 배경뿐만 아니라 당신의 선택에 관하여서도 타인은 개입할 거다. 각자 저마다의 기준이 있는 만큼 당신이 만약 그 기준 외를 선택했다면 당신은 질문받을 것이다. 좋게 말해야 질문이지 그 말에는 비아냥거림이 섞여 있을 수도 있다.

바다새.K는 지하철에서 대학생으로 보이는 세 친구의 대화를 듣는다. 두 명의 친구가 한 명의 친구를 집중적으로 놀리고 있었다. 애인에게 온 정성을 쏟는 것에 관해 놀리는 듯하다. 웃음으로 무마하던 그 친구가 결국 무표정으로 대답한다. "그래서, 뭐 어쩌라고." 두 친구가 무안해하며 대화의 방향을 바꾼다. 놀림을 당하던 그 친구는 방어에서 공격으로 상황을 전환시켰다.

바다새.K는 제대로 근력 운동을 배우기 위해 PT를 등록했다. 그는 신중하게 고민하고 자신에게 도움이 되겠다는 판단하에 결정을 했다. 그러나 지인들은 그의 선택을 이해하지 못했다. 그런 순간에도 내적으로 주문처럼 말해야 한다. "그래서, 뭐. 어쩌라고." 자신의 기준이 되는 원 안에서 벗어나는 행위이므로 이해를 하지 못하는 거다. 그럴 때 어떻게 해야 할까. 만약 내가 그들의 의견에 진심으로 동조하면 내가 내린 선택이 존중받지 못하는 것이 된다.

그런 순간이 올 때 속으로 "그래서. 뭐, 어쩌라고." 말하는 연습을 해라. 당신이 당신의 귀한 생각과 감정 에너지를 들여 선택한 일을 타인이 검열하게 두지 마라. 맞서 싸울 필요는 없다. 속으로 하라는 이유는 내 잠재의식을 위한 것이다. 내가 나의 잠재의식에서 받아들이지만 않으면 외부의 공격은 소용없다. 외모에 대한 평가를 들어도 마찬가지이다. "뭐, 어쩌라고." 속으로 공격하라. 잠재의식이 외부의 말을 믿음 안에 심게 놔두지 마라. 책임감을 놓치지 마라.

DJ DOC의 〈나 이런 사람이야〉의 가사 중 이런 부분이 있다. "나 이런 사람이야. 알아서 기어 아니면 쉬어 알았으면 뛰어. 그래 내가 원래 그래, 그래서 뭐 어쩔래. 나 이런 사람이야."

이 가사를 이용해서라도 외부의 평가들에서 스스로를 지켜라. 직접적으로 들은 말과 행동뿐만이 아니다. 미디어를 통해 실시간으로 들어오는 정보들에서도 스스로를 지켜라. 자신이 결점이라고 믿은 특징들이 개성이 될 수 있었다는 사실을 기억하자. 나만의 고유한 개성이라는 선택 대신 타인의 지시대로 결점으로 선택한 것은 당신이다. 그걸 인정하자.

알렉산드로스대왕과 디오게네스

알렉산드로스대왕과 철학자 디오게네스의 일화가 있다. 방대한 영토를 정복하고 인도로 향하던 알렉산드로스대왕이 견유학파(犬儒學派)의 디오게네스를 만난다. 항아리와 같은 큰 통 속에서 살면서 걸식생활을 하던 철학자였다. 간소한 생활과 자연에 가까운 생활을 하던 디오게네스였다. 알렉산드로스대왕이 그를 만났을 때 그는 강둑의 모래 위에서 햇볕을 쬐며 쉬고 있는 중이었다. 알렉산드로스대왕이 자신을 소개한다. 그리고 그에게 소원이 있으면 무엇이든 말해보라고 한다. 디오게네스는 말한다. "햇빛을 가리지 말고 비켜주시오."

세계를 호령한 최고의 정복가와 무소유를 몸소 실천하던 철학가의 만남이었다. 알렉산드로스대왕은 자신이 정복가가 아니었다면 디오게네스 같은 사람이 되고 싶었을 거라 말한다. 그는 스스로를 개라고 칭하며 완전히 속세에서 벗어난 삶을 살았다. 그러나 그는 행복을 추구했고 위의 일화에서도 보듯이 태도는 당당하기 그지없었다. 알렉산드로스대왕의 스승은 아리스토텔레스였다. 디오게네스는 "아리스토텔레스는 왕이 내킬 때 아침 식사를 하지만, 나 디오게네스는 내가 내킬 때 아침 식사를 한다"라고 말하기도 했다.

그는 현명한 철학자였다. 그의 지성까지는 닮을 수 없지만, 그의 태도는 기억해야 한다. 세계를 정복한 그 유명한 알렉산드로스대왕이라고 할지라도 그는 크게 신경 쓰지 않았다. 당장의 행복인 햇빛을 더 중요하게 생각한 사람이다. 그는 이런 말도 남겼다. "모욕은 받는 사람이 아니라, 하는 사람을 부끄럽게 한다." 이제 당신의 외모, 능력, 했던 선택들과 할 선택들을 공격하는 사람들은 모욕을 주는 자이다. 그들로부터 당신을 지켜라.

이제 더 이상 남의 시선을 의식하지마,라고 하더라도 당장 그러는 것은 쉽지 않다. 천천히 단계를 밟아나가자. 나의 감정에 상처를 내는 말을 들었다고 가정하자. 그 순간 내 잠재의식을 지키는 것을 최우선으로 삼자. 상대에게 복수의 말을 바로 맞받아치는 것보다 더 중요하다. 내가 내 잠재의식에 상대의 그 말이 믿음으로 심어지게 두어서는 안 된다. "뭐, 어쩌라고"라는 말을 속으로 하며 나를 지키자. 그리고 기억하자. 상대방은 나를 평가할 만한 사람이 아니다. 디오게네스 같이 강인하고 냉철한 지성을 가진 철학자도 아니란 말이다. 나를 지키는 것을 최우선으로 하라.

나의 감정 억누르고,
부정하지 말고 인정해주기

무조건 내 편 들기

감정 억누르지 말고, 이해해주고 보듬어주기

바다새.K가 선배.A와 대화를 한다. 감정이 터져 나와 바다새.K가 눈물을 보인다. "뭘 그런 걸 가지고 울어?" 아마 상대는 갑작스러운 상황에 당황했을 것이다. 미안함을 애써 무마하기 위해 최선의 위로로 한 말일 것이다. 그 말에 바다새.K는 눈물을 닦으며 울음을 억누른다. 나이가 들수록 남의 앞에서 눈물 보이는 일은 없을 것이다. 성숙한 어른이 사회적인 거리가 있는 사람 앞에서 눈물을 보이는 것은 부끄러운 일이다라고 우리는 학습 받았다. 만약 눈물을 보인다면 우리는 자신에게 이 말을 할 것이다. "뭘 그런 걸 가지고 울어?"라며 한심하게 여길 거다.

감정이 추슬러지고 나니 수치심이 몰려온다. 다른 사람들의 얼굴을 보기가 민망해진다. 퇴근길에 친구에게 전화를 걸어 오늘 일을 애기할까 고민한다. 그러나 그만둔다. 나만 힘든 게 아니란 걸 안다. 술한잔을 하고 싶다가 피곤함에 그냥 집으로 향한다. 갑자기 단것이 너무 먹고 싶어진다. 피곤하고 혼자만의 시간을 가지고 싶다. 그리고 단 음식을 먹으며 지친 스스로에게 보상을 주고 싶다. 사람들이 나만 미워하는 것 같다. 나만 잘 해내지 못하고 있는 것 같다. 다들 씩씩하게 앞을 보고 가는데 홀로 뒷걸음치는 것 같다. 걸음마다 진흙 위를 걷는 것처럼 걸음이 무겁다. 아까 전의 수치심에 못다 흘린 눈물을 마음껏 흘려본다.

"내 곁에 있어줘 내게 머물러줘. 네 손을 잡은 날 놓치지 말아줘. 이렇게 니가 한 걸음 멀어지면 내가 한 걸음 더 가면 되잖아" 가수 정준일은 노래 〈안아줘〉에서 이 부분을 혼신의 애처로움으로 부른다. 영화와 드라마였다면 마법처럼 사랑하는 사람이 등장하여 날 위로해줄 거다. 그러나 현실 속의 끌어당김의 법칙은 드라마와 다르다. 내가 이런 우울한 감정일 때는 그것과 비슷한 것을 끌어당긴다. 반대되는 현실이 찾아오지 못한다. 오히려 위로를 받을 상황이나 사람을 밀어내고 있는 꼴이다.

상황을 되돌아보자. 당신은 감정이 터져 나왔을 때 억누르느라 바빴다. 그리고 남들의 시선을 의식하면서 수치심을 느꼈다. 적극적인 표현인 눈물이 아니어도 다른 경우도 마찬가지일 것이다. 마음이 답답하고 우울하거나 속상한 일을 겪을 때 당신은 어떻게 했는가. 자신에게 어떤 말을 건넸는가. 아마도 "뭘 그런 걸 가지고 그래" 식으로 타박하지는 않았는가. 아이를 돌본 적 없는 사람이 아이의 칭얼거림에 안절부절못하는 모습과 무엇이 다를까. 도대체 왜 그러는 걸까. 왜 우리는 우리 감정에 그렇게 소홀하고 마음에 들지 않아 하는 걸까.

생각과 감정이 현실이 된다. 그리고 잠재의식의 힘은 반드시 현실에서 이루어진다는 원리를 알고 나면 우리는 초조해진다. 조금만 부정적인 생각이 올라오거나 부정적인 감정이 생기면 외면해버린다. 만약 거기에 집중하면 현실로 끌고 올까봐 두려운 마음 때문이다. 원래도 크게 신경 쓰지 않았는데 더욱더 그 마음을 억누르기 바쁘다. 매일 자기 수련을 하는 종교인도 아니고 성인(聖人)도 아닌 우리이다. 평범한 우리가 연습도 없이 항상 좋은 마음을 유지하기란 쉬운 일이 아니다. 당장 해야 할 일은 감정을 억누르는 것이 아니다.

흥분하여 날뛰고 있는 말이 있다고 생각하자. 그 말은 우리의 감정이다. 그를 진정시키기 위해 마구간으로 넣으려고 한다고 해보자. 얼른 들어가라고 윽박지른다고 얌전히 들어갈까. 통제하기 위해 밧줄 같은 것을 던져서 목에 걸려고 할 수도 있다. 순순히 목에 밧줄을 걸게 내어줄까. 우선은 예의주시하면서 왜 저렇게 흥분을 하고 있는지 자세히 살펴보는 게 순서다. 원인 없이 터지는 감정은 없다. 그 감정이 올라오면 자세히 살펴봐줘야 한다. 그리고 이미 생긴 감정인데 빨리 사라지라고 해서는 안 된다. 내 감정을 존중해줘야 한다. 나의 감정은 곧 내 잠재의식이다.

정준일의 〈안아줘〉의 끝 소절은 더 가슴 아프다. "그냥 날 안아줘 나를 좀 안아줘. 아무 말 말고서 내게 달려와줘." 그러나 내 감정은 내가 책임져야 한다. 날 안아주러 올 사람은 없다. 누군가 나를 안아주길 원한다면 상대에게 이 감정을 전달해야만 한다. 그러니 구원자를 기다리지 말자. 내 삶의 구원자는 나만이 가능하다. 내가 나를 보듬어주고 안아주어야 한다. "많이 서러웠구나, 진짜 너가 힘들었구나"라며 감정을 최대한 인정해줘야 한다. 다그치지 말고 "힘든 게 당연한 거야. 눈물이 나오는 게 당연한 거야"라며 감정을 이해해줘야 한다. 아이스크림이나 술로 마음을 억지로 감추지 말고 감정을 인정해주자.

무슨 일이 있더라도 내 편 들어주기

아이를 달래주듯이 감정을 인정해주었다면 이제 조금 더 나아가자. 무조건 내 편을 들어주는 거다. 꼭 예쁜 말, 바르고 고운 말로 내 편을 들어주지 않아도 괜찮다. 나의 감정을 건드린 상대가 있다면 속으로 마음껏 상대를 비난하라. 아이가 돌에 걸려 넘어졌을 때 우리가 어떻게 달래주는가. 가만히 있는 돌보고 "나쁜 돌, 에잇 나쁜 돌" 하면서 찰싹 때리는 시늉까지 한다. 아이에게 "그러게 조심하지 그랬어. 앞을 잘 보고 다녀야지" 같은 말을 하지 않는다. 아이를 달래줄 때 아이는 잘못한 게 하나도 없다는 것처럼 달래준다. 우리는 이 순간에도 그렇게 해야 한다.

너무 억지스럽다고 생각하는가. 당신은 감정을 제대로 보듬어준 적이 없이 살아왔다. 이해해주기는커녕 억누르고 부끄러워하느라 바빴다. 이제는 다른 방식으로 내 감정을 인정해주기 시작하기로 했다.

감정이 더 자신을 드러낼 수 있게 할 수 있는 방법은 다 해야 한다. 적어도 이 감정을 인정해줄 때는 '내 탓'하는 것을 완전히 멈춰야 한다. 바다새.K가 선배.A의 말에 모욕감을 느끼고 눈물을 흘린다. "뭘 그런 걸 가지고 울어"라는 말을 들었을 때, 어떻게 해야 하겠는가. '그런 말 듣고 안 우는 사람이 있으면 그게 인간인가.' 혹은 '자기도 그런 말 들으면 울 거면서' 식으로 나의 감정을 최우선에 두어야 한다. 욕을 해도 괜찮다. 반드시 속으로만 해라.

해결되지 못한 채 고여 있는 감정은 썩는다

감정을 외면하지 말자. 감정이 올라올 때 내 잠재의식의 어떤 부분이 치유 받고 싶어서 올라온다고 생각해야 한다. 어떤 수모를 겪고 울음이 터져 나왔다. 그 서러움의 감정이 쏟아질 때 잘 보면 과거 이전의 비슷한 감정들도 동시에 수면 위로 떠오른다. 이제 당신은 이것을 기회로 삼아야 한다. 지금 서러워서 눈물 흘리는 기회가 아니었다면 잠재의식이 감춰둔 그 기억들이 올라올 수 없었다. 물이 말라버린 하천에 갑자기 비가 쏟아져서 홍수가 났을 때를 떠올려보자. 하천 밑바닥에 묻어져 있거나 감춰져 있던 온갖 쓰레기들이 물에 떠밀려온다.

그렇게 떠오르는 감정들과 그 감정에 뒤엉킨 기억들을 주목하라. 잠재의식이 당신의 지금과 비슷한 기억의 감정들을 보여주는 것이다. 그 감정들은 해소되지 못하고 외면받았던 감정들이다. 고스란히 잠재의식에 파묻혀 있던 소중한 감정들이다. 그 감정들도 모두 풀어주라.

아주 먼 기억이라고 할지라도 최선을 다해 보듬어주라. 상대로 인해 생긴 상처라면 마음껏 상대를 비난하고 나를 이해해주라. 스스로에 의해 생긴 상처라면 최대한 다정하게 안아주며 나를 이해해주라.

잠재의식에 방치되어 있던 그 기억들이 곪아 있었다고 생각해보자. 그 곪은 상처들이 잠재의식 전체를 감염시킬 수도 있다. 살아가면서 상처를 받지 않고, 트라우마를 겪지 않는 것은 불가능에 가까운 일이다. 끌어당김의 법칙을 이해했다고 하더라도 나를 힘들게 하는 일은 계속 생길 것이다. 다만, 생각과 감정이 현실이 된다는 사실을 기억하고 있으니 이제 다른 선택을 해야 한다. 생각과 감정을 가라앉게 만드는 상황을 마주할 때마다 나를 최우선에 두자. 그 감정이 잠재의식에 몰래 씨앗을 심어 뿌리내리게 하는 것을 방지하자. 그렇게 씨앗을 내려서 그와 같은 더 힘든 현실이 오는 것을 방지하자. 모든 감정을 이해해주고 보듬어주자.

마음을 씻어내는 말 : 호오포노포노

> ## "미안합니다." "용서해주세요."
> ## "감사합니다." "사랑합니다."

"미안합니다." "용서해주세요." "감사합니다." "사랑합니다."

호오포노포노는 하와이에서 내려온 문제 해결법이다. '호오'는 하와이어로 목표를 의미하고, '포노포노'는 완벽을 의미한다. 혹은 제로를 의미하기도 한다. 제로(완벽)를 목표로 바로잡는 것이다. 호오포노포노에서는 '나'는 세 가지 자아로 구분한다. 아우마쿠아(초의식)와 우하네(표면의식), 그리고 우니히피리(잠재의식)이다. 잠재의식인 우니히피리는 내면 아이라고 표현하기도 한다. 이 우니히피리에 살아오면서 담긴 기억을 모두 저장하고 있다. 여기서 흥미로운 점은 나의 탄생 이전의 기억까지도 축적되어 있다고 보는 점이다.

엄청나게 많은 '기억'들이 우니히피리에 저장되어 있다. 그리고 지금 체험하는 것은 단지 '기억의 재생'에 불과하다고 말한다. 호오포노포노는 문제의 원인이 이 '기억들'이라고 보고 '정화'를 목표로 한다. 기억으로 가득한 방을 깨끗하게 청소하여 제로로 돌아가는 것이다. 나의 잠재의식을 본래의 순수한 상태로 되돌리는 것이다. 방법은 간단하다. "미안합니다." "용서해주세요." "감사합니다." "사랑합니다." 이 네 마디의 말을 반복하는 거다. 끝이다. 이 네 마디의 말만 끊임없이 반복하여 정화하는 것이다.

기억들을 정화하다 보면 우리의 잠재의식은 순수해진다. 우리의 의식들이 균형을 잡는다. 호오포노포노는 결국 나의 잠재의식을 돌보는 과정이다. 우리는 7살 이전에 세상의 모든 정보를 잠재의식에 저장했다. 그리고 그 안에는 우리의 몇 세대를 거친 이전 세대들의 정보들도 포함되어 있다. 부정적인 정보, 기억, 마음들을 모두 호오포노포노로 정화시키는 것이다. 수없이 쌓여 있는 기억들을 정화하여 자유를 찾는 과정이다. 기억에서 자유로운 의식은 세상으로부터 다양한 '영감'을 받게 된다.

거대한 저수지가 있다. 이 저수지는 심각한 녹조현상으로 생명체가 살기 힘든 곳이다. 이 저수지의 물들이 나의 잠재의식에 담긴 기억들이라 생각해보자. 이 물들을 옆에 맑게 흐르는 강물로 옮기기로 한다. 깨끗한 강물의 물은 투명하다. 그리고 바다로까지 흘러간다. 이 저수지의 물을 바가지로 퍼서 강물로 옮기는 과정은 정화의 과정이다. 호오포노포노의 실천이다. 역시나 꾸준히 퍼서 옮겨야만 넓은 저수지의 물들을 맑게 정화할 수 있다. 그 잠재의식의 기억들을 정화시켜야 내 인생에 평화를 찾을 수 있다. "미안합니다." "용서해주세요." "감사합니다." "사랑합니다."를 반복하라.

바다새.K의 호오포노포노

바다새.K가 호오포노포노를 알게 되고 실천했던 건 카페를 운영했을 때였다. 그는 자신의 고향인 도시.Q에서 카페를 하기로 결심한다. 6개월간의 장소 물색과 준비과정을 거치며 자신의 생각을 현실로 창조했다. 상상으로만 하던 완벽한 가게였다. 하루 13시간씩 일하며 밥도 제대로 못 먹고, 퇴근 후에는 피로에 지쳐 잠만 자던 일상이었다. 그러나 그 바쁨이 좋았다. 유동인구가 많은 곳이 아니었다. 그래서 일부러 찾아오는 사람들이 감사하고 좋았다. 홀로 일하며 틈틈이 책을 읽는 자유도 좋았다. 그러나 잔잔한 수면에 돌이 던져졌다. 위기가 온 것은 1년이 되어가던 시점이었다. 카페를 운영하기 위해 빌렸던 돈들을 거의 갚아가던 시점이었다.

바다새.K의 가게는 두 개의 건물이 나란히 붙어 있는 상가 중 한 곳이었다. 어느 날 바로 옆 가게에 공사가 시작된다. 그의 가게에서 아홉 걸음도 못 가는 바로 옆 건물이었다. 손님 한 분이 말한다. "옆에 '도' 카페 생긴다는데요?" 지금도 그의 걱정 담긴 표정이 기억난다. '설마' 했지만 그의 말은 사실로 밝혀졌다. 바다새.K의 카페는 작은 가게였다. 그런데 옆 가게는 2층도 함께 공사를 진행하고 있었다. 번화가도 아닌 곳에 3배 규모의 같은 업종의 가게가 바로 옆에 생기는 중이었다. 단골손님들이 말을 잃은 그를 대신해 비난해주었다. 단골이 아닌 손님은 자신의 생각을 아무렇지 않게 말했다. "이건 여기 죽으라는 거지, 뭐."

세상을 많이 원망하던 시점이었다. '신이시여, 저는 정말 노력하

고 있어요.' 4 non blondes의 〈What's up〉 노래 가사로 마음을 토해
내는 나날이었다. "세상은 날 어지간히 미워하는구나"라는 생각을
하며 잠 못 들던 시간이었다. 아마 열심히 웃었지만, 얼굴의 근심은
숨기지 못했던 것 같다.

옆 가게의 오픈 날이 다가올 즈음에 처음 보는 손님이 문을 열고
들어왔다. 50대 정도의 중년 여성이었다. 그녀는 자리에 앉아 조용히
커피를 마시며 자신이 가져온 책을 읽었다. 그리고 나갈 즈음에 바다
새.K에게 뜬금없이 말했다. "너무 걱정하지 마요." 속삭임에 가까운
작은 말이었지만 맑은 음성이었다. 그녀는 말없이 자신이 읽던 책을
주더니, 사라졌다.

카마일리 라파엘로비치(KR여사)의 《진정한 나를 되찾는 호오포노
포노 라이프》라는 책이었다.

바다새.K는 그 책을 읽은 그날 밤 잠을 이루지 못했다. 그리고
"호오포노포노"라는 것에 대해 정보를 더 찾기 시작했다. 관련된 책
들을 모두 주문해서 탐독하기 시작했다. 불안감으로 숨을 쉬기 어려
울 정도였던 위궤양이 점점 가라앉는 것 같았다. 그는 바로 그것을
실천하기 시작했다. 어려운 일이 아니었다. 복잡하게 준비할 것도 없
었다. 그저 "미안합니다." "용서해주세요." "감사합니다." "사랑합니
다."라고 반복하면 되었다. 일하러 가기 전부터 퇴근해서 잠들 때까
지 그 네 마디 말을 반복했다.

겨우 어두운 터널을 지나 보통의 삶을 살고자 결심했던 그였다.
괴로웠던 감정의 시련을 기어서 빠져나온 그였다. 그런데 이렇게 현

실적인 시련을 마주하니 절망했다. 자신은 충분히 청춘이라는 시간을 바쳐 아파했는데 이러는 건 너무 불공평하다는 생각뿐이었다. 그 네 문장이 아니었다면 걱정과 공포심으로 망가졌을지도 모른다. 불공평하다는 마음과 두려운 마음도 그 네 문장으로 모두 정화했다. 그리고 받아들였다. 지금 이 현실은 내 책임이라는 사실. 그리고 내가 끌어당겼다는 사실을 겸허하게 받아들였다. 내 잠재의식에 심어진 것들이 그저 현실에서 싹을 틔운 것이라는 걸 받아들였다.

현실은 나의 책임이다. 그 사실을 받아들이자 묘한 힘이 느껴졌다. 이전에는 느껴보지 못한 희망의 빛으로 찬 느낌이었다. 바다새.K는 호오포노포노를 계속 실천했다. 그리고 그와 함께 자신의 잠재의식에 대해 깊은 관심과 애정을 보였다. 결과는 어땠을까. 바다새.K는 옆 가게가 생기고 나서 매출에 아무런 지장도 없이 2년을 더 운영했다. 2년을 더 운영하면서 만난 사람들과 그들과의 대화에서 그는 자신이 다른 길을 가야 할 때임을 알았다. 호오포노포노의 관점에서 보면 정화된 잠재의식에서 '영감'이 떠오른 것이다. 벚꽃이 흩날리고 있는 호수의 꿈을 꾸었다. 그는 새로운 곳으로 떠나야겠다고 결심했다.

내 마음을 계속 정화하기

바다새.K는 자신의 가게에 엄청난 애착이 생겼다. 많은 사람들이 공간에 머물면 마음이 치유되는 것 같다는 얘기를 전해주었다. 그 공간이 사라지는 것을 원하지 않았다. 한 번 더 호오포노포노에 모든 것을 내맡겼다. 만약 바다새.K를 대신하여 카페를 운영해줄 사람이 없으면 그것이 운명이라고 믿었다. 자신의 잠재의식이 가장 좋은 쪽으로 해결해줄 거라 믿었다. 완전히 마음을 편하게 먹었다. 마음이 편안하다는 것은 확신이 있다는 의미였다. 모두에게 가장 좋은 쪽으로 될 것이라고 믿었다. 3년의 가게계약이 종료되고, 재계약해야 하는 시점이 한 달이 남은 시간이었다. 한 달 전 건물 주인에서 모든 재계약 여부를 미리 밝혀야 하는 상황이었다.

바다새.K는 호오포노포노를 계속 실천했다. 3년간 자신을 번데기의 고치 속처럼 품어준 그곳이 계속되는 것을 시각화했다. 그리고 딱 한 달이 남은 시점에서 가게를 운영하길 원한다는 사람이 등장했다. 바다새.K와 비슷한 이미지와 더 밝은 기운을 가진 사람이었다.

호오포노포노를 전 세계에 알린, 휴 렌 박사는 이렇게 말한다. "인생을 사는 데는 두 가지 길이 있습니다. 기억으로 사느냐, 영감으로 사느냐." 좋지 않은 일이 생길 때가 있다. 그때를 잠재의식이 변화를 원하는 순간이라고 믿어보자. 잠재의식의 정화를 계속해나가며 삶의 변화를 받아들이자. 내 생각과 감정은 반드시 현실이 된다.

정말로 애쓰며 살아온 나

자기 자신에게
자애로움을 발휘하자

자애심과 후회하지 않는 마음

붓다는 삶에 대한 통찰을 가진 현자이다. 그는 삶의 고통에 괴로워하는 중생들에게 자비심(慈悲心)의 마음을 가졌다. 자비심(慈悲心)은 중생(衆生)을 크게 사랑하고 가엾게 여기는 마음을 뜻한다. 이는 불교의 핵심적인 윤리이기도 하다. 자비심이란 자애와 연민의 마음이다. 우리는 여기서 '자애'의 마음에 집중해야 한다. 자애(慈愛)는 사랑할 자(慈)와 사랑 애(愛)가 합쳐진 말이다. 결국, 사랑이지만 사랑이라고만 표현하기에는 더 넓은 의미를 포용하고 있다.

이제 우리가 해야 할 일이 있다. 자기 자신에게 자애(慈愛)의 마음을 발휘하는 것이다. 내가 항상 우선이다. 내가 나에게 먼저 자애의 마음을 발휘해야 한다. 사랑할 자(慈)에는 부모라는 의미도 있다. 부모가 자식에게 무한한 사랑을 준 것처럼 내가 이제 나에게 그러해야 한다. 나 자신을 부모가 자식을 사랑하는 것처럼 대하자. 부모에게 학대받고 미움받았던 기억은 잠시 내려놓자. 우리가 원래 알고 있는 부모가 주는 무한한 사랑을 생각하자. 부모가 주지 못했던 사랑만큼 자신에게 자애의 마음을 품자.

나를 가엽게 여기는 마음도 품어주자. 지금까지 살아가기 위해 아등바등 애쓴 스스로에게 자애의 마음을 품자. 온갖 상처를 받으면서도 어떻게 해서든 버텨보려 애쓴 자신에게 자애의 마음을 보여주자. 사랑받고 싶지만 외로운 마음을 꼭꼭 감춰둔 채 열심히 산 나 자신이다. 나 빼고는 다 잘난 것 같은 사람들 무리에서 버텨온 나이다. 나 빼고는 모두가 행복한 것 같은 사람들 무리에서 살아온 나이다. 불교에서는 타인에게도 같은 사랑을 발휘하라고 하지만 지금은 나에게만 집중하자. 이런 나이지만 그럼에도 불구하고 살아온 나이므로 자애의 마음을 갖자.

솜처럼 가볍고 부드러운 나의 마음에 먹색 물감을 뿌려온 건 나 자신이다. 시커멓게 되고 묵직한 마음을 안고, 살아가는 걸음을 무겁게 한 것도 나 자신이다. 그럼에도 불구하고 이렇게 최선을 다해 살아가는 자신에게 자애의 마음을 갖자. 그럼에도 불구하고 더 나은 삶을 위해 방법을 찾는 나에게 자애의 마음을 갖자. 이제 무겁고 시커멓게 물든 솜을 자애의 마음으로 깨끗하게 헹궈낸다고 상상하자. 호오포노포노의 네 문장("미안합니다." "용서해주세요." "감사합니다." "사랑합니다.")을 반복하자. 특히, 나에 대한 미안함으로 "미안합니다."와 나 자신에게 용서를 구하는 "용서해주세요."에 마음을 담아 반복해보자.

과거의 나를 용서해주자. 용서라는 말이 지나치게 무거운 느낌이 들면 그저 "괜찮다"라는 말을 반복해주자. 대부분의 사람들이 지나간 시간들을 후회한다. 더 나은 선택을 하지 못하고 더 노력하지 못한 점을 후회한다. 그러나 당신은 그 당시에 최선을 다해서 선택을 내렸다. 초코 우유를 먹을지 딸기 우유를 먹을지처럼 가볍게 선택하지 않았다. 그때의 당신은 생각을 멈추지 않고 고민하고 밤잠을 설치며 선택했다. 자신이 했던 최선의 선택을 후회하지 말자. 과거의 내가 그 당시에 모든 마음으로 결정했던 사항을 가볍게 여기지도 말자. 당신은 최선의 선택을 했었다. 그리고 그 당시의 당신은 최선을 다했다.

지금의 기준점이 높아진 것뿐이다. 지금의 당신이 그만큼 그때보다 성장했다는 의미이기도 하다. 맥스웰 몰츠 박사는 《사이코사이버네틱스》에서 이렇게 말했다. "사소한 일도 용기를 가지고 과감하게 행동하는 훈련을 꾸준히 하라." 당신은 앞으로 이렇게 해낼 것이다. 그리고 이미 그전에도 이렇게 해왔다. 과거를 후회하는 것은 자기 자신을 끊임없이 과소평가하는 것이다. 과거에 최선을 다해 선택하고 행동한 자신을 낮추는 것이다. 후회하지 않겠다고 결심하고 연습을 하자. 지금까지는 '후회'의 감정을 외면해왔지만, 이제는 놔두지 말자. 그 어떤 것도 후회하지 않겠다고 결심하자. "그만 후회하겠다. 그때의 나는 최선을 다했고 지금의 나는 성장했다"라고 잠재의식에게 당당히 의사를 밝혀라. 당신의 성장 과정을 과소평가하지 말자.

과거의 나를 용서하는 것

계속 과거의 나를 용서해주자. 당신은 생각과 감정이 현실이 된다는 것은 알지 못했다. 아무도 알려주지 않았다. 생각의 힘이 얼마나 강력한지 몰랐기에 부정적인 생각을 반복했었다. 감정의 힘이 얼마나 무서운지 몰랐기에 슬픔에 빠져 있던 자신을 방치했었다. 문명사회를 살아가는 당신이지만 잠재의식에는 태어나기 이전의 기억들도 저장되어 있다. 아기 거북이가 태어나자마자 배우지 않았는데도 바다를 향해 걸어 나가는 것과 같다. 둥지에서 자라난 새들이 때가 되면 날갯짓을 하며 하늘로 날아오르는 것과 같다. 생존 이전의 기억들이 저장되어 있다.

맹수의 위협과 치명적인 독을 가진 벌레들, 위험한 과일과 풀들, 자연재해의 위험들. 지금은 보호받고 있지만, 생존을 위해 겪어야 했던 그 공포들이 우리에게 저장되어 있다. 당신은 그때의 기억에 의지하여 살아왔던 것에 불과하다. "세상은 안전하다"라고 말한 사람이 없기에 그 불안함이 부채질 되었을 거다. 어린 시절부터 "차 조심해." "낯선 사람 조심해"라는 말을 매일 경고처럼 들어왔다. 뉴스에서는 따뜻하고 소소한 일상보다는 자극적인 사건, 사고가 모여서 나왔다. 잠재의식에 감춰져있던 생존에 대한 불안함이 얼마나 계속 자극받아왔는지 생각해보라.

그렇게 잠재의식 안의 불안과 공포 위주의 믿음들이 자극되고 강화되며 살아왔다. "의식의 세계에서 감정은 유유상종하는 법이라 공포는 공포를 끌어당기고 사랑은 사랑을 끌어당긴다." 세계적인 영적 스승인 데이비드 호킨스 박사는 《놓아버림》에서 이렇게 말했다. 당신은 자신도 모르게 작동되고 있던 잠재의식에 의하여 지금의 현실에 있던 것뿐이었다. 끌어당김의 법칙이 자극된 불안에 맞는 현실을 끌고 온 것이다. 당신은 몰랐다. 아무도 알려주지 않았다. 그러나 당신은 지금 변화를 위하여 새로운 정보들을 받아들이고 있다.

용기를 내서 새로운 문을 열고 들어가는 자신에게 칭찬을 해주자. 과거의 나는 그저 용서해주자. 3살 어린아이가 밥을 먹다가 수저를 바닥에 떨어뜨리면 우리는 화내지 않는다. 그럴 수 있다고 생각하며 수저를 주워서 돌려준다. 나에게도 그렇게 너그러움을 발휘해주자. 과거의 나를 용서해주자. 쉽지 않은 과정일 거다. 그러나 지난 자신을 용서해주지 못하면 새로운 현실을 만날 수 없다. 당신은 다른 현실을 원한다. 다른 자기 자신을 원한다. 그렇다면 이전의 생각과 감정 습관에서 벗어나야 한다. 과거를 용서해주자.

바다새.K는 자신의 과거를 용서해주는 과정에서 괴로운 기억을 끊임없이 만났다. 모든 일에서 죄책감을 느꼈다. 지금 자신이 이렇게 된 것은 "과거의 일에 대한 업보(카르마)"라고 생각했다. 끊임없이 자책하고 죄책감에 파묻혔다. 초등학생 시절 싸웠던 친구의 표정까지 기억나 죄책감을 느꼈다. 헤어진 연인들에 대해 죄책감을 느끼며 몸부림쳤다. 자신이 더 나은 선택을 했다면 힘들었던 시기에서 더 빨리 벗어났을 거라 자책했다. 마음을 정화하며 조금씩 자신을 용서했다. 당신도 그래야만 한다. 삶이란 원래 그런 것이라고 초연하게 자신을 용서해야 한다. 그렇게 했어야만 당신이 원하는 현실로 나아가는 문이 열린다.

무슨 일이 있더라도 자기 비난 금지

그 어떤 일로도 스스로를 비난하지 말자. 자기 비난을 내가 가지고 있는 나쁜 습관 중 최악의 습관이라 생각하자. 당신이 하루에 몇 갑의 담배를 피거나 술을 마시는 것보다 더 나쁜 습관이라고 생각하자. 매일 인스턴트 음식을 먹고 운동을 하지 않는 것보다 더 나쁜 습관이라 여기자.

내가 나를 비난하려는 마음이 올라올 때마다 내가 가진 최악의 습관이라고 떠올리자. 잠재의식에 그렇게 각인하자. 자기 비난은 습관이다. 태어날 때부터 담배를 피지 않는 것처럼 아이가 '아, 나는 왜 이 모양이지'라고 하지 않는다. 당신은 잘못된 습관을 배운 것뿐이다. 그러나 사람은 항상 변화의 기회를 가지고 있다.

흡연가가 금연하기도 하고, 애주가가 금주를 하기도 한다. 게으른 사람이 운동 매니아가 되기도 한다. 자기 비난으로 익숙하게 살아왔던 당신도 변할 수 있다. 그저 "무슨 일이 있어도 나를 비난하지 않겠다"라고 굳게 결심하자. 다이어트를 결심했는데 치킨을 먹었다고 하더라도 비난해서는 안 된다. 헬스장을 끊어놓고 가지 않았다고 하더라도 비난해서는 안 된다. 반성과 비난은 다르다. 반성은 더 나아질 기회를 제공하지만 자기 비난은 다르다. 절대로 자기 비난을 하지 말자.

심리학자이자 영성가인 페니 피어스는 《인식의 도약》에서 이렇게 말했다. "……우리는 대부분 두려움을 억누르거나 부정함으로써 얻는 '임시변통'의 안락함에 안주하는 데 익숙해져 있다. 우리는 마음 깊숙이 자리한 분노, 공포, 고통과 절대 마주치지 않기 위해 고정관념과 선입견과 습관에 집착한다." 지금 내가 가진 과거에 대한 후회와 자기 비난을 잠재의식의 두려움으로 생각하자. 변화가 두려워서 회피하고자 하는 잠재의식의 믿음으로 보자. 이제부터 그 어떤 후회와 자기 비난을 하지 않겠다고 결심하자.

불평하는 습관을 놓지 못하면
아무것도 바꿀 수 없다

불평은 지금까지의 노력을
리셋시키는 버튼

감사하기

감사하기는 끌어당김의 법칙에서 공통적으로 나오는 실천 방법 중 하나이다. 굳이 끌어당김의 법칙이 아니더라도 감사하기는 행복한 삶을 위해 중요한 부분이다. 모든 것에 감사하겠다고 마음을 먹고 단 하루만 보내보자. 아침에 눈을 떠서 하루를 마무리하며 잠 들기 전까지 모든 것에 감사하는 거다. 편하게 잠을 청할 수 있는 장소(집)가 있음에 감사하는 것. 건강한 것. 아픈 곳이 있다면 더 심하게 아프지 않은 것. 혹은 다른 곳이 아프지 않은 것. 사랑하는 사람이 있는 것. 음식을 먹을 수 있는 사실. 그리고 그것을 소화시키는 기관이 존재하는 것 등등. 그날 하루 무심코 넘겼던 것들에 대해 감사함을 찾아보는 것이다.

175

출근길에 앞차가 조금 늦게 출발한다고 경적을 울려대지도 않을 거다. 왜냐면 운전할 차가 있다는 점에 감사하고, 운전할 시각과 감각이 존재하는 감사함이 있다. 회사에서 상사에게 혼나도 속상하지 않을 거다. 일을 할 수 있다는 감사함과 일을 더 잘하게 이끌어주는 상사에게 감사하다. 연인이 없어 외롭지도 않고 감사할 것이다. 가족과 친구가 있다. 가족과 친구가 없어도 내가 있다. 언제든지 마음만 먹으면 새로운 사람을 만날 수 있는 환경이 있어 감사하다.

항상성 이해하기

자, 그러나 안타깝게도 우리는 감사함이 얼마나 내 삶을 바꿀지 알면서도 실천하지 못한다. 바다새.K는 트레이너 선생님과 운동을 몇 개월 동안 하면서 몸의 변화가 느껴졌다. 운동으로 자세가 교정이 되면서 틀어진 몸이 바로잡히고 통증이 사라졌다. 달랐던 어깨의 높낮이도 맞춰지고 몸이 탄탄해지는 것이 느껴졌다. 약간 오만해지는 시기였다. 거울을 보며 자세를 잡아도 처음과 다르게 균형이 잡혀 있었다. 그러다 혼자 운동하고 난 다음 날 또다시 몸의 한쪽만 통증이 느껴졌다. 그 얘기를 하자 트레이너 선생님이 운동했던 동작을 잡아보라고 말했다. 거울을 보며 몸의 균형을 맞추는 데 집중했다.

가만히 있을 거라고 예상했던 것과 달랐다. 트레이너 선생님이 바쁘게 자세를 이곳저곳 고쳐잡았다. 근육의 자극이 전혀 다르게 느껴졌다. 분명히 거울로 보았을 때는 균형이 맞춰졌었다. 그러나 그건 나의 시각으로 보아서 착각이 들었던 것이었다. 사진으로 찍어준 자세는 확실히 몸의 균형이 삐뚤어져 있었다. 그 상태로 운동을 한 것은 삐뚤어진 그대로 하여 통증을 악화시키는 꼴이었다. "이렇게 몇 개월 했으면 몸의 균형이 알아서 잡혀야 하는 거 아닐까요?"라고 바디새.K가 묻자 그가 말했다. "근육들은 불균형의 상태가 정상인 줄 알고 그렇게 살아왔어요." 그러면서 그는 평생을 그렇게 살아온 근육들이 바로잡힐 시간에 인내심을 가지라 했다.

우쭐함에 '이제 됐어'라는 마음이 들 때마다 선생님은 말했다. 만약 여기서 그만두면 몸은 다시 원래대로 돌아갈 것이다. 그렇게 살아온 시간이 너무 길기 때문에 당연한 거라고 말했다. 지금처럼 꾸준히 운동을 최소한 6개월은 더 해야 몸이 받아들인다고 말했다. 우리 몸의 항상성이라는 기능에 대해 말하며 이해시켜줬다. 국립국어원의 표준국어대사전에서는 이렇게 설명되어 있다. "생명 생체가 여러 가지 환경 변화에 대응하여 생명 현상이 제대로 일어날 수 있도록 일정한 상태를 유지하는 성질, 현상." 일상에서는 몸이 변화를 겪는 과정에서 이전으로 돌아가려는 성질로 사용된다.

대표적으로 요요현상이 있다. 그렇게 경이로울 정도의 인내심을 발휘하여 체중 감량에 성공한다. 그러나 원하는 목표체중에 다다르고 나서 조금만 방심하면 체중이 원래대로 다시 되돌아간다. 그 이전보다 더 체중이 늘기도 한다. 몸의 입장에서는 당황스러웠을 것이다. 몇 년을 그렇게 살아왔다. 갑자기 단기간에 음식의 질과 양을 줄여가며 자신을 변화시키려고 한다. 몇 개월간 그 변화의 상태를 유지하면 상관없다. 몸도 '아, 이게 새로운 나구나'라고 받아들일 것이다. 그러나 새로운 몸을 아직 받아들이지 않은 상태에서 이전의 습관으로 돌아간다면 어떨까. 인체의 신비한 '항상성' 기능으로 살은 다시 찐다.

'감사하기'를 언급하다가 갑자기 '요요현상'을 언급한 이유가 있다. 우리는 감사하는 방법을 실천하며 살아오지 않았다. 모든 것을 당연하게 여겨왔다. 가톨릭 신자분과 식사를 할 때 그들이 식사 전 기도를 하고 성호를 긋는 것을 보았다. 그들은 식사에 대한 감사함을 기도를 하고 그것이 습관화되어 있다. 우리들은 어떤가. 식사를 하기 전에 이 밥을 먹을 수 있게 된 모든 것에 감사를 표현하는가. 그렇지 않다. 건강한 몸 덕분에 보통의 일상을 살아가는 것에 감사함을 느끼는가. 그렇지 않다. 사고를 당하거나 몸이 아팠을 때 건강했던 몸의 감사함을 안다. 보통의 일상이 무너져야 이 일상이 절대 '보통' 혹은 '당연한 것'이 아니라는 것을 안다.

감사함의 중요성을 안다. 그러나 실천이 되지 않은 이유는 몸의 기능처럼 익숙하지 않은 것이기 때문이다. 꾸준히 몇 개월간 실천해서 습관이 되면 쉬워진다. 그러나 그전에는 익숙하지 않은 행동패턴이니 당연히 며칠 진행되다가 흐지부지 되고 만다. 호오포노포노의 "미안합니다.""용서해주세요.""감사합니다.""사랑합니다"도 역시 마찬가지다. 그러나 의식적으로 감사함을 찾는 것과 다르게 이것은 네 문장을 주문처럼 외우는 거다. 신기하게도 내가 감사할 것을 찾지 않아도 호오포노포노를 반복하면 삶에 감사하게 된다. 네 문장이 너무 길다고 느껴진다면 "감사합니다. 사랑합니다"만 반복하라. 그것도 길다면? "감사합니다"만 반복하라.

불평하지 않기

바다새.K가 자신의 불평을 깨달았던 것은 친구.S와의 여행에서였다. 뜨거운 여름날이었고 하룻밤 자고 오는 여행이었다. 바다새.K는 자신의 말들을 의식하지 못했다. 더운 곳에서는 "어우, 더워"라고 했고 냉방이 강한 실내에서는 "어우, 추워"라고 말했다. 몸이 피곤하여 "피곤해"라고 말하고 걷는 게 힘들어 "발 아파"라고 했다. 사실은 그것보다 더 했을 것이다. "빨리 집에 가서 씻고 싶다." 이 인사로 여행을 마무리 지을 즈음 친구.S 말했다. "뭐 하나 말해도 될까?" "응." "너 너무 투덜거려. 불평이 너무 심해. 그거 안 고치면 너만 힘들어질 것 같아." 그 말에 충격받아 만화영화에서처럼 입이 벌어져 다물어지지 않았다.

'아니, 내가 얼마나 불평한다고'라는 방어기제로 다음날 생각을 쫓아가 보았다. 당신도 단 하루만 생각을 쫓아가보자. 내가 얼마나 '불평·불만투성이 인간'인지 알 수 있다. 비가 오면 비가 오는 것으로 불평하고 더우면 덥다고, 추우면 춥다고 불평한다. 봄과 가을의 환상적인 날씨가 아닌 이상 날씨에 대한 불평이다. 골목에 주차한 차에 불평하고 바닥에 버려진 담배꽁초에 불평한다. 지하철이나 버스가 안 오면 불평하고, 사람이 많으면 그것대로 불평한다. 앉을 자리가 없으면 불평하고 가방이 무거워도 불평한다. 식당의 음식이 늦게 나오면 불평하고 자기 전 오늘 피곤했다고 불평한다. 불평투성이 인간의 일과를 지켜보는 기분일 거다.

《백만장자 시크릿》의 저자 하브 에커는 자신의 책에서 이렇게 말했다. "불평할 때 당신은 세상의 모든 나쁜 것을 받아들이는 살아 숨쉬는 '쓰레기 흡입기'가 된다." '쓰레기'라는 단어가 강력하지만 그의 말이 사실이다. 끌어당김의 법칙에 대해 활발히 강연하는 영적 지도자 에스더 힉스도 몇 번이고 강조해서 말한다. "매 순간 자신이 생각하고 있고 또 느끼고 있는 것과 본질이 같은 것들을 자신에게 끌어오고 있다." 두 대가의 말처럼 우리가 '불평과 불만'을 가지고 있으면 '불평과 불만'을 한 것들이 우리의 현실에 등장한다. 불평에 담긴 생각과 감정이 현실이 되는 것이다.

감사하기의 실천이 처음에 잘되지 않는다면 '불평하지 않기'를 가장 먼저 실천해보자. 하루에 내가 얼마나 불평을 하는지 자각해보라. 목사인 윌 보웬은 《불평없이 살아보기》의 작가이다. 그는 보라색 고무밴드를 손목에 끼고 불평을 할 때마다 반대쪽 손목에 옮기는 캠페인을 진행한다. '불평 없는 세상'이라는 캠페인 덕에 그는 세상에 만연한 불평을 근절하고자 한다. 21일간 연속으로 불평하며 지내지 않는 것을 목표로 삼는다. 그의 실천을 함께해보자. 보라색 고무밴드가 아니어도 좋다. 바다새.K같은 경우는 반지를 사용했다. 불평을 할 때마다 반지나 팔찌의 위치를 옮겨라. 그리고 불평을 단 하루도 하지 않는 날을 정해서 도전해보자.

말은 씨가 된다

말은 잠재의식에 넣는
주문서와 같은 것

말의 힘

말에 관련된 속담은 많다. 그만큼 말로 의사소통을 하는 우리들에게 말의 중요함을 알려주는 부분이다. 바다새.K가 요가를 했을 때, 수련 시작 전에 만트라(mantra)를 다함께 낭송했다. 우리나라 말로 진언(眞言)이라고도 한다. 한국사전연구사 《종교학대사전》에는 이렇게 설명된다. "불·보살 또는 제천(諸天)에 호소해서 기도하거나 의식에 효력을 부여하기 위해서 외우는 주문." 즉 만트라는 신비한 힘이 담긴 주술적 언어이다. 처음 요가 수업 때 나를 제외한 모두가 만트라를 낭송했다. 그때의 어리둥절함이 기억난다. 생전 처음 듣는 언어였고 어떤 경건함이 감돌았다. 비밀 집회 같기도 했고 분위기에 압도되는 기분이었다.

그러나 그것이 만트라라는 것과 산스크리트어이라는 점을 알자 마음이 조금씩 열렸다. 산스크리트어는 고대 인도어이다. 오랜 역사가 담겨 있는 신비스러운 언어지만 우리에게는 익숙하지 않은 언어이다. 그러나 불교가 낯선 종교가 아니었기에 분명히 들리는 단어는 있었다. 바로 〈옴(Om)〉이다. 집안이 불교였기에 불교의 진언에서 '옴-'으로 시작되는 것이 익숙했다. 한국학중앙연구원에서 집필한 《한국민족문화대백과》에서 옴은 이렇게 설명된다. "우주 생명 현상과 우주의 신비한 능력을 상징하며, 모든 문자를 대표하여 무량한 공덕과 진언을 구성하는 모든 요소를 다 머금고 있다."

종교적인 내용들을 모두 배제하고 만약 마음이 지독하게 불안하다면 '옴(Om)'을 소리내보라. 목구멍에서부터 울림이 느껴지게 소리내어보라. 그리고 그 진동을 편안하게 느끼며 집중하라.

호오포노포노의 "미안합니다." "용서해주세요." "감사합니다." "사랑합니다."를 반복하는 것처럼 마음 편하게 반복해보라. 요가 수업에서도 옴(Om)으로 시작되는 만트라를 시작과 끝난 후 함께 낭송했다. 낯선 언어에 두리번거렸지만 마음을 열자 신비함이 느껴졌다. 몸에 소름같은 것이 돋았다. 요가가 그 순간 운동으로 알려지기 전에 하나의 수련이라는 것을 깨달았다. 언어에는 그만큼 신비한 힘이 있다.

다시 처음으로 돌아가자. 말에 관련된 속담이 많다. "말이 씨가 된다"는 특히 잠재의식과 끌어당김의 법칙을 관통하는 속담이다. 우리는 그냥 말을 하지 않는다. 생각을 거쳐 말을 하고, 그 말에는 감정이 담겨 있다. 생각과 감정이 현실이 되니 거기에 묶여 있는 말도 당연히 현실이 된다. 말은 정말로 씨가 된다. 그 외에 "발 없는 말이 천

리 간다"라는 속담도 많이 사용된다. 말은 눈에 보이지 않는다. 글로 적지 않는 음성 언어는 잡히지도 않을뿐더러 보이지도 않는다. 그럼에도 분명히 존재한다. 나의 생각과 감정이 나를 중심으로 이 세상에 퍼져나간다. 그리고 그와 같은 것을 끌어당겨온다.

'말'도 마찬가지이다. 내뱉은 말은 나를 중심으로 세상에 퍼져나간다. 그리고 같은 것을 끌어온다. 우리의 현명한 선조들이 '말조심'에 관련하여 그렇게 많은 속담과 격언을 남긴 이유는 여기 있다. 생각과 언어는 밀접하게 관련되어 있다. 말을 조심하는 것은 곧 생각을 조심하는 것이다.

철학자 비트겐슈타인은 "사고(思考)는 일종의 언어이다"라는 말을 했다. 생각을 거치지 않은 말은 없다. 굳이 산스크리트어가 아니더라도, 만트라나 진언이 아니더라도 말에는 신비한 힘이 담겨 있다. 말은 곧 생각이고, 생각은 현실이 된다. 그리고 말도 현실이 된다.

"발 없는 말이 천 리 간다."

네빌 고다르는 세계적으로 유명한 자기계발 강연가들에 영향을 미친 사람이다. 그는 시각화를 할 때 소원이 이뤄진 미래 감정을 현재 느껴야 한다고 말한다. 이는 끌어당김의 법칙으로 시각화를 진행할 때도 마찬가지이다. 시각화를 할 때 소원이 이루어진 시점으로 이동을 해야 한다. 내가 며칠 후, 몇 달 후이건 혹은 몇 년 후이건 소망이 이루어져 있을 그 시점을 현재 느껴야 한다. 생각도 그 순간에 머물러 있어야 하고, 감정도 생생하게 그것을 느껴야 한다. "'결과를 생각하는 상태'에서 '결과로부터 생각하는 상태'로 옮겨가는 것". 네빌 고다르가 말한 이 문장이 시각화의 핵심이다.

잠재의식은 시각화를 할 때, 그 생각과 감정에 생생하게 머물러 있으면 정말로 그 순간에 있다고 믿는다. 그리고 그 미래를 현실로 만들기 위해 움직인다. 네빌 고다르가 '결과로부터 생각하는 상태'로 시각화를 진행해야 한다고 말한 이유가 이 때문이다. 생생하게 생각과 감정에 머무른 시각화(미래 소망이 이루어진 상태)를 끌어당겨 오는 것이다. 시각화는 잠재의식에 주문을 넣는 것과 같다. '내가 원하는 상태(꿈, 내 모습)'를 생각과 감정으로 생생하게 현실로 느끼는 것이다.

시각화로 원하는 미래 모습을 주문을 넣는다. 생각과 감정을 이미 이루어진 것처럼 생생하게 그리기를 반복한다. 잠재의식에게 그 주문은 현재형으로 완벽하게 들어왔다. 감정도 그 순간을 생생하게 느끼고 있다. 잠재의식에게 그 주문은 곧 현재인 셈이다. 그러나 현실에서는 그 현재가 펼쳐지고 있지 않으니 이제 실현시키기 위해 온 힘을 다할 것이다. 주문이 들어간 순간부터 잠재의식은 그것을 현실로 만들기 위해 모든 힘을 총동원하여 움직인다.

우리의 주변 세상은 매 초마다 수백만 비트의 정보가 흘러넘친다. 그런데 우리가 그 중 인식하는 부분은 매 초당 0.0001%에 불과하다. 현재의식으로는 그 정도밖에 인식하지 못한다. 그래서 우리는 보고 싶은 것만 본다. 정보를 한정적으로 걸러 받아들인다. 우리는 그렇게 현재의식의 5% 힘으로 세상을 살아가고 있다. 나머지는 잠재의식의 힘으로 살아가고 있다. 그 방대한 힘을 우리는 자각하지 못하고 있을 뿐이다. 시각화는 이 잠재의식의 힘을 빌리는 것이다. 무한한 정보 저장 능력과 정보 처리 능력을 가진 잠재의식에 주문을 넣는 거라고 보면 된다.

"발 없는 말이 천 리 간다." 이 말을 기억하자. 말의 강력한 힘을 기억하자. 이제 우리는 말의 힘을 활용하여 마치 말을 만트라처럼 활용해보자. 확언도 시각화와 동일하게 작용한다. 시각화가 상상으로 넣는 주문이라면, 확언은 언어로 넣는 주문이다. 잠재의식에게 '내가 원하는 상태'를 언어로 말한다. 잠재의식이 힘을 발휘하여 그 상태로 가게끔 주문을 넣는 것이다. 시각화와 동일하게 감정이 중요하다. 감정이 배제된 채 그저 반복하면 확언은 힘을 발휘하지 못한다.

확언은 결국 잠재의식에게 내가 원하는 바대로 해달라는 명령서와 같다. 에밀 쿠에는 이 확언이 어떻게 현실화되는지 증명해준 대표적인 인물이다. 프랑스 약사인 그는 1922년 자신의 저서에서 확언으로 환자들을 치료한 사례를 보여준다. "나는 날마다 모든 면에서 점점 더 좋아지고 있다." 이 문장으로 현대 의학의 플라시보 효과를 증명했다. 에밀 쿠에의 말대로 위의 확언을 반복한 환자들이 약으로도 고치지 못한 병을 치료한 것이다. 확언은 곧 주문이다.

확언을 즐겨라

확언을 실행할 때는 두 가지만 기억하면 된다. 잠재의식에 넣는 주문인 만큼 명확해야 한다. '~하고 싶다'가 아닌 '~다' 같은 완료 현재형으로 해야 한다는 점, 확언이 이루어졌을 때의 생생한 감정을 담아야 한다는 점이다. 이렇게 간단한데 왜 확언이 쉽게 이루어지지 않는 걸까. 명확하게 했고, 현재형으로 했다. 그리고 감정이 중요하다고 하니 특별히 신경 썼다. 그럼에도 불구하고 현실화되지 않는 경우는 무엇일까.

우리는 습관적으로 부정적인 말을 해왔다. 그리고 부정적인 감정도 습관적으로 해왔다. "나는 부족해, 나는 사랑받을 자격도 없고, 여유 있게 살 자격도 없어"라는 결핍의 생각. "도대체 왜 나만 이런 일이 생기지, 세상은 날 미워해"라는 피해자 의식이 담긴 생각. "되는 일이 하나도 없네"라는 불평 가득한 생각. "난 또 왜 이 모양인 거야"라는 자기 미움이 담긴 생각을 일상적으로 해온 당신이다. 그리고 그 생각들과 동일한 감정을 반복해왔다. 불안, 초조, 한계, 부족함, 애정 결핍, 슬픔, 우울 등의 감정을 만성화시켜 왔다.

우리 몸에 항상성의 기능이 있어서 급하게 다이어트를 하면 요요 현상이 온다. 그리고 마음도 이와 똑같다. 몸과 마음은 긴 시간 천천히 단계를 밟지 않으면 이전으로 돌아가려고 한다. 당신이 확언을 한다. "나는 최고야." "나는 세상에서 제일 매력이 넘쳐." "나는 부자야." 등등.

잠재의식에 담겨 있던 믿음들을 하나씩 변화시켜 주면서 확언을 하면 상관이 없다. 전체적인 사고방식을 〈세상이 나를 몹시 예뻐해〉 기준으로 변해가면 상관없다. 그런데 아무런 변화 없이 확언만 반복하면 잠재의식은 의문을 품는다. 그리고 확언과 잠재의식이 충돌을 일으킨다.

확언을 하기 전에 나의 잠재의식과 깊은 대화를 하라. 노트를 펼쳐서 내 현실에 일어나는 일들의 원인과 그 안에 심어진 잠재의식을 찾아라. 그리고 그 믿음을 바꾸는데 먼저 확언을 사용하자. 확언은 주문이라 단호한 것이 좋지만 처음은 과정에 있음을 말해주자. 변화가 일어나는 과정을 천천히 각인시켜 주자. 에밀 쿠에의 확언을 기억하자. 그 확언은 완벽한 확언이다. "나는 날마다 모든 면에서 점점 더 좋아지고 있다"를 활용하자. "나는 세상에서 제일 매력이 넘쳐" 대신에 "나는 점점 매력적으로 변하고 있다"로 변화가 일어나고 있음을 받아들이자.

"나는 부자야"라고 주문을 넣기 전에 "나는 부자가 되는 과정에 있어"라고 말해보자. 이 과정의 단계들이 익숙해진 후에는 단호한 확언을 사용해도 괜찮다. 모든 변화의 과정을 즐겨야 한다. 체중감량도 운동을 즐겨야만 그 변화를 오래 지속할 수 있다. 내 몸과 마음이 변화가 새로운 나인 것을 받아들일 시간을 주자. 확언을 즐겨라. 그러나 강요하지는 말자. 모든 변화의 과정에는 나에게 친절해야 한다. 즐겁게 하자. 세상은 당신을 몹시도 예뻐한다.

'나는 ~ 한 사람'에서 벗어날 기회를 주기

나를 항상 귀하게 여기기

마음 정리하고, 청소하기

우리는 연약한 마음을 들여다보고 있다. 온갖 잡동사니와 짐들이 쌓인 창고 깊숙한 곳에 파묻혔던 그 연약한 마음을 보고 있다. 그러다 연약한 마음이 한두 개가 아니라는 걸 알게 된다. 이참에 창고를 정리해야겠다고 결심한다. 가장 보호받아야 할 연약한 마음이 먼지 사이에 방치되지 않게 하기 위함이다. 나의 내면 구석구석을 그렇게 우리는 지금 살펴보고 있다. 온전히 나에게 집중하는 시간이다. 처음 끌어당김의 법칙을 만나면 종교적인 색채가 느껴지는 것 같아서 거부감도 생긴다. 실제로 다양한 명상 단체 혹은 영성 단체에서 비슷한 핵심을 공유하기도 한다. 그러나 마음의 측면에서 바라보았으면 싶다.

이유는 하나다. 한 번뿐인 이 삶을 후회 없이 잘 살아가기 위해서다. 나에 대해 조금이라도 더 자세히 알기 위함이다. 우리는 사랑에 빠지면 연인에게 넘치는 사랑을 준다. 그 사람을 알아가는 시간만으로도 행복해진다. 그러나 정작 자기 자신을 그렇게 대하지는 못한다. 자신의 손으로 자신의 숨을 끊어내는 사람들의 소식이 계속 들린다. 다 가진 것 같은 연예인들과 모든 힘을 가진 권력자가 떠난다. 독일의 5대 갑부로 꼽히는 몇 조의 재산을 가진 사람도 떠난다. 아마 현실을 바꾸고 싶고, 자신을 바꾸고 싶은 건 그만큼 지금이 힘들다는 의미일 거다. 지금이 좋은데 바꾸고 싶어 하는 사람은 없다.

잠재의식을 자각하고 그 힘이 내 일상에 어떻게 영향을 미치는지 알아가고 있다. 이것만으로 당신은 이제 더는 인생의 피해자가 아니다. 나의 내면 구석구석을 살펴보며 나를 괴롭게 하는 현실이 내 선택이라는 걸 알게 되었다. 끌어당김의 법칙을 이해했다. 이제 당신은 마법처럼 완전히 다른 현실을 만날 거라고 생각을 할 수도 있다. 사람들이 그렇게 기적처럼 삶을 바꿨다는 얘기를 해온다. 그러니 자신도 그렇게 될 거라는 환상을 가진다. 물론 그렇게 될 것이다. 다만 시간의 차이가 있을 수 있다. 그 사실을 먼저 덤덤하게 받아들여야 한다.

우리는 생각과 감정이 현실이 된다는 진리를 안고 끌어당김의 법칙을 실천할 거다. 그러나 그 전에 마음을 되돌아보고 가자. 나의 잠재의식에 새겨져 있는 '믿음'들을 찾아내는 것. 불평하지 않고 판단하지 않는 마음을 가지는 것. 그렇게 하면서 내 마음을 조금이라도 비워내 보는 것. 내 감정을 '좋음'과 '사랑'에 집중해보는 것 등은 모두 자신을 알아가기 위한 과정이다.

바다새.K가 원했던 것도 다른 사람과 비슷했다. 좋은 집, 좋은 차, 적게 일하고 많은 돈 벌기, 이상형 만나 영원한 사랑, 영원한 젊음 등등. 그러나 진짜로 원하는 것은 '나를 좋아하고, 삶을 좋아하는 것' '기분 좋게 살아가는 것' 그뿐이었다.

그러나 우리는 지금 내 마음에 대해 전혀 모르는 상태이다. 우리는 이 몸과 마음으로 살아왔지만 자신을 전혀 모른다. 내가 뭘 원하는지도 전혀 모른다. 남들이 좋다고 한 것을 따라 그것을 소망했지만 이루어질 리 없다. 내가 원하는 것은 그게 아니다. 안아달라고 우는 아이에게 밥 먹으라고 이유식을 입에 넣는 것과 다를 바 없다. 우리는 이 순간을 삶의 기회로 삼아야 한다. 그저 눈앞에 내가 원하는 것을 이루는 것도 중요한 것은 맞다. 그러나 그 전에 나의 내면을 이 기회를 처음이자 마지막으로 들여다보는 시간을 가져보자.

왜 내가 지금 이 인생길에 서 있는지, 왜 지금의 사람들에 둘러싸여 있는지 들여다보자. 바다새.K에게 끌어당김의 법칙은 일상의 위기에서 최후의 의지처였다. 도저히 현실적인 방법을 찾지 못했을 때, 내면을 들여다본 유일한 수단이었다. 그것이 단순히 문제 해결과 소원을 이루기 위한 방법을 위한 수단이 아니란 걸 알았다. 당신은 당신의 마음을 들여다보는 길에 합류한 셈이다. 당연히 고독할 것이고 수많은 시행착오를 겪을 수행의 길이다.

나를 귀하게 여기기도 연습처럼 꾸준히 해내기

나의 내면을 들여다보기 위한 과정은 이미 시작되었다. 시각화와 확언, 호오포노포노라는 구체적인 방법들도 알았다. 그러면 끝난 걸까? 아니다. 이 길에서의 '행동'이 반드시 동반되어야 한다. 앉아서 시각화를 하고, 확언을 한다고 삶은 변하지 않는다. 변화를 위해서는 행동이 반드시 필요하다. 생각을 바꾸고, 감정을 바꾼다. 언어습관을 바꾸고 믿음 체계를 바꾼다. 그리고 이 모든 변화에는 '행동'이 함께 묶어져서 나와야 한다.

윌리엄 H. 맥레이븐은 미국 해군 장군이었다. 그는 2014년 모교인 텍사스 대학 오스틴 캠퍼스에서 연설을 한다. 이 연설이 화제가 되어 우리나라에서도 번역되었다. 그의 연설 요지는 "성공을 하고 싶다면 침대부터 정리하라"이다. 아침에 일어나 침대를 정리하는 행동이 절대 사소한 것이 아닌 중요한 행동이라고 말한다. 실제로 침대를 정리하는 것이 성공하는 사람들의 공통적인 습관이기도 하다.

사회경제학자인 랜달 벨 박사도 같은 말을 했다. 그는 5천 명이 넘는 다양한 사람들을 조사하여 성공한 사람의 공통점을 찾아낸다. 그중 운동을 한다, 독서를 한다, 기록하는 습관이 있다 외에 침대를 정리한다는 습관도 있었다. 해석은 다양하게 할 수 있다. 아침에 침대를 정리하는 습관은 결국은 자신을 귀하게 여기는 습관 중 하나이다. 자신을 귀하게 여기며 행동하는 사람은 일상도 행복하게 흘러갈수밖에 없다. 내가 나를 귀하게 여기는 마음으로 그런 생각과 감정을 느낀다. 당연히 나를 귀하게 여기는 것과 같은 현실이 펼쳐진다.

나를 항상 귀하게 여겨야 한다. 침대를 정리하는 것을 기본으로 항상 깨끗한 공간에서 머물 수 있게 청소를 해야 한다. 우리는 집에 손님을 초대할 때 어떻게 하는가. 평소에는 소홀했던 곳까지 쓸고 닦으며 대청소를 한다. '손님'의 존재가 그만큼 귀한 사람이기 때문이다. 그런데 정작 그 집에서 거주하면서 집을 방치하는 것은 말이 안된다. 겨우 한두 번 찾아올까 말까하는 손님보다 낮은 대접을 하고 있는 셈이다. 그리고 나를 가꾸는 것도 마찬가지다. 누군가를 만나러 갈 때 우리는 기본적으로 자신을 가꾸고 간다.

가꾸지 않더라도 적어도 씻고, 깨끗한 옷을 입고 깨끗한 모습으로 간다. 사회생활에서의 예의이기 때문이다. 우리가 면접을 보러 갈 때 집에서 뒹굴다가 아무 옷이나 걸쳐 입고 나가지 않는다. 소개팅을 갈 때도 그렇게 하지 않고, 중요한 모임에 나갈 때도 그렇다. 사회적 예의라는 것을 떠나서 상대방을 존중하기 때문이다. 그런데 평상시에는 자신을 함부로 대한다면 그들보다 자신을 낮은 시선에 놓는 것이다. 자신을 낮추는 것이다. 결국 그런 자기 낮춤은 그런 현실을 끌어당겨올 것이다.

자신을 귀하게 여기는 습관을 들여라. 깨끗한 장소에 머물게 하고, 깨끗함을 유지해라. 깨끗한 옷을 입혀주고, 좋은 음식들을 먹여주라. 마치 귀한 늦둥이 아이를 키우듯이 자신을 대하라. 자기 자신에게 자비심의 마음을 가져야 한다는 사실을 잊지 말자. 좋은 마음을 가진 사람들을 만날 수 있게 해주라. 자신을 마치 손님인 것처럼 귀하게 대접하라. 우리는 아이돌과 연예인을 좋아할 때는 숭배에 가까운 행동을 한다. 그들의 실수나 결점마저도 너그럽게 포용하며 사랑해준다. 늘 응원하고 조금이라도 소통하려고 애를 쓴다. 당신도 단 하루라도 스스로를 그렇게 숭배에 가까운 사랑을 자신에게 줘보자.

그게 자기혐오보다는 몇 배 나은 행동이다.

안 해본 일을 해보기

안 해본 일들을 행동에 옮겨보자. 도전하자. 이전의 내 성향이라면 절대로 안 했을 법한 일들을 행동으로 옮겨 실천해보자. 나의 마음도 잘 들여다보지 않은 상태에서 스스로를 규정했을 것이다. '나는 ～한 사람'이라는 틀이 있을 것이다. 그 틀을 벗어날 자유를 스스로에게 주자. 무엇인가 마음이 끌리는 일이 있으면 한 번 해보자. 자신에게 행동 반경을 넓힐 용기를 주자. 시골에 가면 뒷마당에 묶여 있는 개들을 본 적 있을 것이다. 1m도 안 되는 짧은 줄에 묶여 개집 주위만 빙빙 돈다. 그 개들의 목줄을 풀어줘도 그들은 멀리 나가지 못한다.

코끼리 쇼에서 코끼리를 길들일 때도 마찬가지이다. 그들은 어린 아기 코끼리의 발목에 쇠사슬을 묶는다. 짧은 쇠사슬에 묶인 코끼리는 일정 범위 이상을 벗어나지 못한다. 아기 코끼리라 힘이 없고, 벗어나려고 애를 쓰지만 쇠사슬을 풀지 못한다. 그렇게 길들인다. 코끼리가 성인이 되어 엄청난 힘을 가지게 되어도 그들은 탈출하지 않는다. 아니 못한다. 자신은 쇠사슬을 끊을 힘이 없을 것이라고 학습이 되었기 때문이다. 지능이 높기로 유명한 코끼리가 그렇게 자신을 과소평가해버리고 자유를 잃는 것이다. 우리는 늘 "나는 ～한 사람이야"라고 말하며 익숙한 것만 해왔을 것이다. 그 행동들이 시골의 개와 코끼리 쇼의 코끼리와 같다고 생각하자.

해보지 않은 일들을 한 번쯤은 해보자. 가보지 않은 곳에 한 번은 가보자. 낯선 곳에 내 발걸음을 들여다 놓는 것만으로 의미가 있다. 해외여행에서 길을 잃어 고급 호텔에 들어갔던 바다새.K를 기억하라. 만약 발을 들이지 않았다면 그런 휘황찬란한 세상이 있을 줄 몰랐을 것이다. 부끄러움과 수치심을 극복하여 낯선 곳에 내가 들어갈 것을 허락해주자. 이것저것 따지지 말고 만나보지 않은 사람을 만나보라. 사보지 않은 것을 한 번 구입해보라. 내 취향이 아닌 옷을 입어봐라. '행동'의 다양성을 선택할 기회를 주자. '행동반경'을 넓힐 기회를 주자. 당신은 귀한 사람이다. 그 모든 것을 누려볼 자격이 있다. 스스로를 귀하게 대접하자.

우월함으로
나를 증명하지 않아도 괜찮다

사람들과의 마주침과
어울림의 소중함

완벽한 때를 기다리지 말고, 그냥 조금씩 해보기

바다새.K가 카페를 운영하던 초반에 가장 힘들어하던 부분이 있었다. 바로 '사람 눈을 마주치지 못하는 것'이었다. 친구들과는 마주 볼 때 그래도 괜찮았다. 조금 보다가 피하며 상황을 모면하면 되었다. 그러나 완전히 모르는 사람들의 눈은 아예 보지 못했다. 그녀가 다른 가게를 들어갈 때 인사를 하는 점원과 눈을 마주친 적이 없었다. 그녀의 시선은 상대가 잘 알아채지 못하게끔 눈이 아닌 상대의 목이나 실루엣을 바라보았다. 그러나 내가 운영하는 가게는 달랐다. 손님이 들어왔는데 만약 그렇게 초점 없는 눈으로 인사하면 상대의 호감을 얻을 수 없다. 눈을 마주치는 것(아이 컨택)은 그만큼 인간관계에서 중요한 것이다.

사람의 시선이 두려워 번화가를 잘 가지 않는 그였다. 옆에 의지할 사람이 있으면 그래도 괜찮았다. 옆 사람에게 집중하면 되었으니깐. 그러나 혼자인데 사람이 많은 곳을 가는 것은 그에게 있을 수 없는 일이었다. 그는 늘 이어폰을 끼고 정면을 보되 정말 앞만 보고 걸었다. 땅을 보고 어깨를 숙이며 걷는 것은 최악의 태도였다. 사람들은 본능적으로 그런 태도에 있는 사람을 존중하지 않는다는 걸 경험한 후였다. 예전에 라디오에서 나온 이야기이다. 자신감이 도저히 생기지 않으면 코끝을 원래보다 하늘로 향하게 하고 걸으면 도움이 된다고 했다. 절대로 땅을 보고 걷지 말자. 바다새.K는 그렇게 했다. 그러나 사람들 눈을 잘 보는 건 아니었다.

바다새.K는 자신의 이런 행동이 '시선공포증'에 가깝다는 것을 알았다. 조금 부르기 편한 이름이 생겼다고 그 습관을 고치는 것은 아니었다. 인터넷에 검색하기 쉬울 뿐이었다. 방법을 찾을 수 없었다. 그러나 그때는 자신을 조금 알아서 나름의 삶의 철학이 생긴 후였다. 완벽해진 후에 행동하는 것이 아니라 일단 행동하기였다. 그 생각으로 그래도 다시 동굴 속으로 들어가지 않고 지금까지 일상을 살아올 수 있었다.

바다새.K는 일단 했다. 그 부분이 어려워서 피하고 문을 닫을 수도 없는 노릇이었다. 초반에는 하루에 30명의 사람을 마주한다면 그중 1명을 목표로 삼았다. 단 1명의 손님과 눈을 마주하고 "안녕하세요." "안녕히 가세요" 하면 성공했다고 스스로를 쓰다듬어줬다.(정말로 내가 내 뒤통수를 쓰다듬었다.) 그렇게 천천히 변화를 시작했다. 잠재의식도 그렇게 욕심부리지 않고 천천히 그리고 행동하니 변화를 받아들이고 있었다. 눈을 마주치면 정말 환하게 웃었다. 그냥 그렇게 사람과 사람이 눈을 마주치는 행동이 감동스러워서 환하게 웃었다.

지금은 사람들 눈을 보는 것을 너무 좋아한다. 여전히 혼자는 가지 않지만, 사람이 북적거리는 곳에 가는 것도 좋아한다. 그 안의 다양한 사람들을 구경하는 것도 좋아한다. '나'라는 존재는 늘 변화의 가능성을 가지고 있는 한계가 없는 사람이다. 지금 당신은 '나'는 어떤 사람이라고 선을 긋고 정해진 행동반경을 하고 있을지도 모른다. 그러나 변화는 행동을 통해서(만) 가능하다. 인생을 바꿔주는 책을 읽었어도 그것을 '행동'으로 실천하지 않으면 변화는 없다. 지금 우리는 생각을 바꾸고 감정을 바꾸고 있다. 당연히 그 생각과 감정을 담은 그릇과도 같은 내 몸도 바뀌어야 한다. 몸의 변화는 즉 '행동하기'이다.

《신경끄기의 기술》의 저자 마크 맨슨은 자신의 저서에서 '뭐라도 해' 원리를 말한다. 그는 행동을 하고, 자극을 받은 후, 동기를 얻는 것이 그가 깨달은 점이라고 했다. 그의 말처럼 우리들은 어떤 결심을 해야 움직이는 동기를 얻는다고 생각한다. 그러나 이제는 지금까지와는 다르게 행동하자. 먼저 행동하자. 변화를 위한 행동을 시작하자. 아마 온갖 반발심이 생길 것이다. 시간이 없다, 바쁘다, 돈이 부족하다. 혹은 여유가 없다. 그러나 핑계를 대고자 한다면 끝도 없다. 제임스 클리어는 《아주 작은 습관의 힘》에서 매일 1%만 나아진다면 1년 후에 37% 성장해 있을 거라고 말한다. 완벽한 때를 기다리지 말고 조금씩 해내보자.

무조건 나가자

행동의 변화를 주지 않고, 내가 익숙한 패턴에 숨어 있으면 유리한 점은 있다. 타인에게 상처받을 일이 없다는 점이다. 그러나 동시에 내가 변화하려면 타인이라는 존재가 반드시 필요하다. 변화를 이루기 위해서는 '행동'과 함께 '사람을 만나는 것'이 필요하다. 침대도 정리했고, 깨끗하게 샤워를 했다. 그러면 이제는 나가야 한다는 말이다. 바다새.K의 내면을 바꿔준 것은 요가와 웨이트 운동이었다. 어쨌든 요가원이나 헬스장을 등록하러 나가야 한다. 요즘은 집에서도 많이 할 수 있게 시스템이 되어 있다. 그러나 사람들이 있는 곳으로 나가길 추천한다.

변화를 주는 행동은 사람마다 다르다. 여행이라고 하는 사람도 있을 것이고, 명상, 달리기, 수영, 심리치료, 요리, 그림일 수도 있다. 모두 '행동'이 기반인 것과 함께 공통점이 있다. 바로 사람과의 만남이 항상 있다는 점이다. 요가와 헬스, 그 외에 다른 운동을 할 때, 함께 하는 운동 파트너나 선생님이 있다. 그게 아니더라도 항상 함께 운동하는 사람들이 주변에 있다. 그들과 내가 인사를 하지도 않는 전혀 다른 남남이라고 하더라도 그들이 있다. 사람들과의 어울림을 중요하게 여기자. 관계의 소중함을 잊지 말자. 모임에 가입하고, 새로운 사람들을 만나며 인맥을 넓히라는 의미만이 아니다. 어쨌든 사람들과 함께 어울려 잘 사는 것이 행복이다.

당신의 사고방식과 믿음들을 확장시켜 주는 것도 사람들과 만남을 통해서다. 내가 나 혼자서 내 생각을 넓히는 것은 오랜 시간이 걸린다. 혹은 한계가 있을 것이다. 사람과의 대화를 통해서 내 생각이 넓어진다. 그리고 굳이 마주하는 대화가 아니더라도 사람들이 살아가는 다양한 모습을 보며 넓어진다. 마음이 가라앉으면 무조건 나가라. 어디 뚜렷한 목적지가 아니라 동네 한 바퀴를 도는 것도 괜찮다. 바다새.K는 내면을 들여다보는 공부를 하면서 마음이 어두워지면 고민하지 않고 바로 나갔다. 나가는 과정이 번거롭더라도 핑계를 대지 않고 나갔다. 도저히 나갈 기운이 없다면 일단 나갔다. 돌아와서 마저 슬퍼하자고 생각하자.

마음이 우울할 때 카페라도 가라는 말이 있다. 카페에 앉아서 커피를 마시고 오면 좋지만 그렇게까지 하지 않아도 된다. 다양한 사람들이 있는 카페에 가서 커피를 한 잔 테이크아웃 해오자. 그저 사람들 사이에 잠깐 있었을 뿐인데도 잠시 가라앉았던 감정을 잊었을 거다. 우리는 잠재의식과 맞닿아 있는 감정이 얼마나 중요한지 이제는 알고 있다. 이제 우리는 감정이 어둡거나 가라앉아 있을 때 최선을 다해 그것을 끌어올릴 책임이 있다. 집에서 한숨만 쉬며 침대에 누워 있어봤자 감정은 해결되지 못한다. 행동으로 감정을 변화시키자. 감정과 행동이 쌍방에서 서로 이끌어준다고 믿고 움직이자.

우월감과 열등감

바다새.K는 법륜스님을 존경한다. 그분이 강연(《즉문즉설TV》, 제933회)에서 자존감이 낮아서 힘든데 어떻게 해야할지 모르겠다는 질문자에게 이렇게 말한다. "모든 사람이 자기 자신을 과대평가한다. 그리고 '나는 못났다', '내가 부끄럽다'고 말한 사람일수록 그 과대평가가 큰 사람이다. 자신을 과대평가하고 있는 '환상 자아'가 큰 것이다. 그렇게 자신에 대해 환상을 가지고 있는데(환상 자아), '현실 자아'는 그것에 못 미친다. 그럴 수밖에 없다. 그 '환상 자아'가 너무 높기 때문이다. 결국 환상은 너무 큰데, 현실에서 채우지 못하면 나를 남에게 보이기 부끄러운 지경이 된다."

법륜스님은 삶의 이치를 깨달은 살아있는 현자(賢者)다. 결국, 현실 자아와 환상 자아(이상 자아)의 차이가 지나치게 큰 것이 원인이라고 말하고 있다. 그러면서 "만약 우리가 길가에 핀 풀 한 포기, 혹은 들꽃들처럼 살아가도 된다고 생각하면 문제가 없다. 자기 자신을 과대평가하는 환상 자아가 그렇게 크지 않기 때문이다. '환상 자아'와 '현실 자아'의 차이가 커서 자존감이 낮고 마음의 병이 생긴다면 방법이 있다. 현실의 자기를 맞춰서 환상의 자아에 맞추는 것이 아니다. 그저 나 자신을 있는 그대로 바라보면 된다. 그렇게 나를 있는 그대로 바라보며 '환상 자아'에서 벗어나면 되는 것"이라고 말한다.

그리고 법륜 스님은 질문자들이 이런저런 질문으로 자신의 고민을 말할 때 공통적으로 말해준다. "당신만 그런 게 아니다." 이 말은 다양한 의미가 있지만, 문제를 해결할 용기를 주는 말이다. 나는 사람들과의 관계가 힘들고, 사람들이 무섭다. 그것도 당신만 그런 게 아니다라고 말해줘야 한다. 당신이 가진 문제가 나만의 고유하고 특별한 문제라고 생각해버리면 해결하기 어려워진다. 그러나 다양한 사람들이 공유하는 문제라고 여기면 용기가 생긴다.

만약 끌어당김의 법칙과 잠재의식의 힘을 알면 또 다른 '환상 자아'가 생길 수도 있다. 그 환상 자아가 커질수록 나의 마음은 초조해질 것이다. 그리고 끌어당김의 법칙은 초조하면 그 초조한 상황을 끌어온다. 내가 바라는 것을 이루고자 할 때 마음이 초조하거나 불안하면 이뤄지지 않는다. 법륜 스님의 말을 기억하자. 우리는 들꽃처럼 살아가도 괜찮다. 자신의 마음을 들여다보고 정말 원하는 것을 바라보자. 내가 이루고자 하는 소망이 남들보다 우월해지고자 하는 것이 아닌지 잘 관찰하자. 우월감에 차서 들꽃들 사이에서 장미가 되지 않아도 괜찮다.

내가 살아 있다는
사실을 만끽하기

나의 감각에 누리고, 즐기기

쓰레기 산을 소각시켜서 공원으로 만들기

쓰레기로 가득 쌓인 장소가 있다. 워낙 많이 쌓여서 방대하게 하나의 산을 이룰 정도다. 우리는 지금 그 쓰레기 산을 치우는 중이다. 이렇게 쌓이기 전에 조금씩 치웠다면 이 정도는 아니었을 것이다. 그러나 시작하기로 마음먹었고 지금 아니면 더 쌓이기만 할 거다. 누가 대신 치워주지도 않는다. 엄청난 기계장비가 있는 것도 아니다. 그저 천천히 불평하지 않고 손으로 치워야 한다. 어느 시점에 당신은 알 수 있을 거다. 산이 어느 정도 치워졌다고. 아니면 이제 완전히 깨끗해졌음을 알 것이다. 쌓여 있었던 마음의 쓰레기를 불태워도 미련도 없을 거다. 내 생각과 감정에 오랫동안 묵혔던 그것을 소각시키자.

가끔 이미 성공한 사람들이 자신은 '이것 단 하나' 때문에, 덕분에 삶이 바뀌었다고 한다. 쓰레기 산에 작은 불씨를 던져서 그것이 모두 소각된 셈이다. 그 하나의 불씨로 새로 시작한 셈이다. 그러나 부러워할 필요는 없다. 그 사람들의 치열했던 내면의 성장 과정과 매일의 충돌까지 우리는 알지 못한다. 그냥 우리는 자기 자신만 보면 된다. 어쨌든 조금씩 어제와는 다른 선택을 해나가면 된다. 산에 오를 때, 올라가기 힘든 가파른 부분에 나무 한 그루가 있는 곳이 있다. 그 나무는 사람들이 얼마나 잡고 의지해서 올라갔는지 비단처럼 반들반들하다. 계속 손이 가면 거칠었던 부분이 그렇게 부드러워진다. 우리도 그렇게 조금씩 해나가면 된다.

그러면 어느 순간 쓰레기는 치워져 있을 것이다. 쓰레기가 치워지고, 소각이 되었다. 이제 그 공간은 텅 빈 공터가 되었다. 우리의 목표는 이곳에 예쁜 공원을 만드는 거다. 그냥 놔둘 수도 있다. 그러나 우리가 가는 이 내면을 보는 과정에는 끝이 없다. 어쨌든 살다 보면 계속 쓰레기는 생길 것이다. 누군가 몰래 놓고 간 것일 수도 있고 내가 버린 걸 수도 있다. 적어도 예쁜 공원이라면 우리는 그것이 쌓이는 것을 보지 못하고 성실하게 치워나갈 거다. 내 생각과 감정이 변화를 겪었다. 그리고 나의 몸도 행동을 우선시하며 변했다. 나의 현실도 당연히 변할 것이고 절대로 이전으로 되돌아가지 않기 위해 노력할 것이다.

칼 구스타프 융은 "무의식을 의식화하지 않으면, 무의식이 우리 삶의 방향을 결정하게 되는데, 우리는 바로 이런 것을 두고 운명이라고 부른다"라고 말했다. 우리는 삶을 전반적으로 바꾸는 과정에 있다. 지금 운명을 바꾸는 과정을 지나가는 중이다. 잠재의식의 힘을 알고 그 안을 살펴보며 삶을 변화시키고 있다. 현재의식도 그 변화에 적극적으로 동참하고 있다. 깨끗해진 공터에 귀중한 씨앗들을 심자. 생각과 감정의 씨앗을 심는 거다. 예쁜 꽃을 피우거나 아름다운 풀과 나무로 자라날 씨앗들을 신중하게 선택해서 심어야 한다. 좋은 책을 보고 좋은 영화를 보며 또 씨앗을 심자. 다양한 행동들을 해보고, 많은 사람들을 만나며 씨앗을 심자.

내가 무엇을 좋아하는지 관찰하기

내가 남을 몰라도 상관없다. 남이 나를 몰라도 상관없다. 그러나 내가 나를 모르는 건 상관있다. 그건 그렇게 쉽게 넘어갈 일이 아니다. 문제의 원인은 내가 나를 몰라서 지금 이렇게 되었다. 내가 나를 몰라서 현실이 이렇게 내 의지와 상관없이 펼쳐졌다. 이제 쓰레기로 가득 찬 공간을 공원으로 만드는 과정을 온전히 누려보자. 살아있음을 누리면서, 나에 대해 알아가 보자. 아무도 알려준 적 없고, 아무도 알려줄 수 없는 '나는 어떤 사람인가'를 찾아가 보자.

살아 있다는 사실을 온전히 누리자. 나의 감각들을 단련시키자. 타고난 감각들이 근육처럼 발전하고 발달하는 것으로 생각하자. 내가 어떤 색을 좋아하고 무엇을 보는 것을 좋아하는지 집중해보자. 내가 어떤 향기를 좋아하고 어떤 음식 냄새에 행복해하는지 찾아보자. 내가 어떤 음악 장르를 유독 더 좋아하는지 찾아보고, 그 가수의 음악을 다 섭렵해보자. 어떤 음식을 먹고 마실 때 행복하고, 어떤 단어를 많이 사용하는지 집중해보자. 내 목소리의 음색에 귀 기울여보고 사람들의 목소리에도 집중해보자. 바람이 살에 닿는 촉감을 누려보고, 손끝으로 무엇을 만질 때 온전히 그 순간에 머물러보자.

나의 감각들을 예민하게 단련하여 내 감정을 알아차리는 신호로 삼자. 내가 좋아하는 감각들을 찾으면 그것을 마음껏 만끽하자. 그리고 그 순간의 행복한 감정도 충분히 누리자. 나의 감정이 행복한 것은 나의 잠재의식이 행복을 느끼는 것이다. 행복에 익숙해지면 행복을 끌어당겨올 것이다. 잠재의식의 대가 조셉 머피 박사는 "행복의 왕국은 당신의 생각과 느낌 속에 있습니다"라고 말한다. 그 어떤 외부적인 것도 당신을 행복하게 하지 못한다는 것을 기억하자.

세계 몇 대 진미 요리라는 음식을 먹고 맛있다고 못 느끼면 그런 타이틀은 의미가 없다. 모든 행복은 내 기준이다. 내 감각이 좋아하는 것이 당신의 행복이다. 내 감정이 좋다고 느끼고, 내가 기분 좋게 느끼는 생각이 내 행복이다. 항상 나를 기준으로 삼자. 다른 사람이 어떤 것으로 행복하더라는 얘기에 신경 쓰지 말아야 한다. 그럴 시간에 내가 어떤 것을 할 때 기분이 좋은지 집중하자. 궁금한 것이 있으면 한 번은 시도해보자. 그런 식으로 내가 살아 있음을 만끽하자.

결점을 가리는 대신에 장점을 부각시키기

수치스러운 과거 기억에 매달리지 말고, 웃어 넘겨보자. 바다새.K 는 흑역사(부끄러운 기억)가 많을수록 삶이 재미있는 것이라고 믿는다. 그리고 실제로 부끄러운 기억이 한가득 넘치고 나니 오히려 삶의 다양성을 알게 되었다. 그는 재미있는 것을 좋아하고, 웃을 일이 많을수록 행복하다고 믿는다. 행복함을 많이 느끼고 싶은 사람이라 행복을 위해 노력하는 사람이다. 아마 당신도 그럴 거다. 남들과 나를 너무 분류하지는 말자. 내가 못 가진 것을 가진 사람을 부러워하지도 말자. 세상에는 나보다 잘난 사람은 많고 못난 사람도 많다. 차라리 나에게 온전히 집중하자.

완벽한 얼굴과 몸매를 가진 사람은 없다. 굳이 자신을 완벽하게 하려고 하지 말자. 결점을 가리는 데 온 힘을 쏟는 대신에 내 장점을 부각시키자. 당신이 지금 콤플렉스라고 싫어하는 부분이 훗날 매력 포인트이자 자부심이 될 수도 있다. 남이 나의 외모를 평가하게 놔두지 말자. 그리고 다른 사람에게 내가 콤플렉스라고 생각하는 부분을 언급하지도 말자. 남에게 말하기 전에는 아무도 모른다. 내가 말하는 순간 상대는 당신의 콤플렉스에 집중한다. 그냥 뻔뻔해져라.

이제부터 당신은 뻔뻔해져야 한다. 싫으면 싫다고 말해라. 착한아이 콤플렉스에서 이제 자신을 놓아주자. 그렇게 착하게 굴면서 남들에게 조금이라도 예쁨을 받고 싶은 생각에서 벗어나자. 당신이 착하게 군다고 사람들은 당신을 사랑하지 않는다. 뻔뻔하게 내 기분이 제일 중요하다고 스스로에게 말하라. 지금부터 뻔뻔하게 살겠다고 결심하라. 그렇게 긴 시간 위축된 마음으로 살아서 등이 굽었으니 이제는 좀 펴고 살아도 된다. 불쌍한 척 그만하자. 내가 나를 불쌍하게 여기면 진짜 세상이 날 불쌍히 여긴다. 그런 불쌍한 현실들만 온다. 굳이 선택할 수 있는 인생 영화에서 비련의 영화 주인공이 될 필요는 없다.

자기 자신을 가장 친한 친구처럼 대하라. 친한 친구가 실수를 했을 때 우리는 손가락질하지 않는다. 자신감을 잃고 고개를 숙였을 때 혀를 차지도 않는다. 그가 가진 장점과 매력을 진솔하게 말해준다. 좋은 말을 해주며 위로해준다. 스스로에게도 그렇게 친구에게 하듯이 대하라. 나에게 좋은 말을 반복해주자. 좋은 단어와 긍정적인 단어를 많이 말해주자. 어린 아이에게 단어를 가르칠 때 좋은 말과 단어를 말하는 것처럼 그렇게 대해주자. 뻔뻔해지자. 삶은 날 너무 예뻐해서 좋은 것만 준다고 말할 정도로 뻔뻔해지자. 그러면 그 말대로 세상은 나를 그렇게 대해줄 것이다. 생각과 감정은 현실이 된다.

내가 바뀌면,
다른 세상이
시작된다

아침에 넣는 주문:
내 인생의 주인은 나

아침이 밝아온다. 알람이 울리고 눈을 뜬다. 하루가 시작됨과 동시에 내 생각도 시작된다. 현재의식이 눈을 뜨는 순간이다. 항상 기억해야 한다. 일어나자마자 하는 '첫 생각'은 현재의식에 보내는 그날 하루의 '첫 주문'과도 같다. 오늘 하루를 어떻게 보낼지 결정하는 첫 주문이다. 현재의식에 들어간 주문은 바로 잠재의식에 전달된다. 그리고 잠재의식은 그 '주문'에 맞춰서 그에 맞는 것들을 현실에 끌어당겨 온다. 나의 하루가 일어나자마자 하는 나의 생각에 달려 있다.

일어나자마자 넣어야 할 주문이 있다. 〈내 인생의 주인공은 나 자신이다〉라는 주문이다. 생각이 시작되자마자 넣는 '주문'을 앞으로 이렇게 시작하자. 오늘 하루를 주인공으로 살아가겠다는 '주문'이다. 우리는 지금까지 내 인생임에도 불구하고 조연의 자리를 선택했다. 잠재의식에 저장된 믿음대로 알아서 흘러가게 방치했다. 즐거운 인생이 펼쳐지고 있다 하더라도 내가 '조연'의 역할에 머문다면 그건 의미가 없다. 내 인생의 주인공이 나 자신이라는 믿음을 잠재의식에 저장하자. 그러기 위해서는 매일 작은 한 걸음씩의 연습이 필요하다. 아침에 눈을 뜨자마자 '내 삶의 주인공은 나'라고 생각하라.

습관이 바뀌기 위해서 단 한 번의 도전이 반드시 필요하다. 그러나 그 도전을 하나의 습관으로 만들기 위해서는 매일 반복해야 한다. 우리는 매일 아침마다 다양한 생각을 해왔다. 현재의식의 그 '주문서'는 예외 없이 잠재의식에 전달되었다. 잠재의식은 그 주문을 성실히 수행했다. "아, 또 아침이야. 짜증나"라는 생각으로 하루를 시작했으면 그 하루가 끌어당겨온다. "피곤해 죽겠어, 쉬고 싶다"라는 생각이면 피곤한 하루가 시작되고 이어진다. 생각과 감정이 명확하게 일치되었다. 그 생각에 맞는 감정을 잠재의식이 끌어당겨온다. 잠들기 전에 이 사실을 기억하자. 내일 아침에 일어나자마자 할 일은 '좋은 주문'을 하는 것으로 결심하자.

알람을 사용한다면 스마트폰 알람을 이용하는 방법이 있다. 나의 목소리를 녹음하여 알람으로 설정하자. "내 인생의 주인공은 나 자신이다. 나는 오늘도 주인공으로 살아갈 거다"를 녹음하여 알람으로 맞추자. 눈을 뜨자마자 하는 '생각'과 '감정'을 의도적으로 만드는 게 핵심이다. 아니면 침대에서 눈을 뜨자마자 보이는 천장 혹은 벽에 커다랗게 글씨를 적어놓자. 내가 오늘 하루를 주인공으로 '생각'을 신중하게 선택하겠다는 문구를 적자. '감정'을 신중하게 선택하겠다는 다짐을 적자.

변화를 선택하자. '변화하고 싶어'라는 수동적인 태도가 아닌 '변화하겠다'라고 결심하자. 생각과 감정은 현실이 된다. '생각'을 변화를 위해 선택하고, '감정'을 변화를 위해 선택하자. 조연으로 살아온 인생에 작별을 고하자. 이제부터 내 인생의 주인공은 나 자신이라고 매일 나에게 말하자. 나의 현재의식에 주문을 넣고, 나의 잠재의식에 주문을 넣자. 현재의식과 잠재의식이 일치된 것은 반드시 현실에 끌어당겨온다. 양치처럼 습관이 될 때까지 매일 아침 눈을 떠서 '주문'을 넣는 것을 반복하자. 당신은 한 번뿐인 귀한 인생의 주인공이 될 수 있다.

디지털 디톡스 :
세상의 소란에서 잠시 물러나기

칭얼거리는 아이를 달래기 위해 스마트폰을 보여주는 경우를 본 적이 있을 거다. 아이는 화면이 보이면 언제 그랬냐는 듯이 울음을 뚝 그친다. 아이의 눈은 최면에 빠진 것처럼 엄청난 집중력으로 화면을 본다. 아마 우리의 눈은 그보다 더 심할 것이다. 디톡스(Detox) 요법이 있다. 몸에 축적된 노폐물과 독소를 배출하는 해독요법이다. 몸을 원래의 깨끗한 상태로 돌리려는 것이 목적이다. 그중 대표적인 것이 단식(斷食)이다. 수면, 성(性)에 이은 음식이라는 당연한 욕구를 일정 기간 거부하는 거다. 생존을 위한 기본욕구를 몸의 해독을 위해 실천한다. 우리는 '디지털 기기'라는 욕구를 정신의 해독을 위해 실천해야 한다.

우리의 잠재의식은 7살 이전에 정보들을 저장했다. 그 정보들에는 세상과 자신에 대한 잘못된 믿음들도 모두 뒤섞여 있다. 저장된 정보들에 숨겨져 있는 믿음 체계들이 지금의 우리 현실을 만들었다. 우리는 그 믿음을 찾아서 바꿔주고, 현실을 바꾸고자 한다. 여기서 가장 걸림돌이 되는 것이 스마트폰과 전자기기들이다. 기존의 믿음들을 살펴보고 바꾸는 과정에는 시간이 필요하다. 그런데 스마트폰 속의 미디어, 광고, SNS, 댓글들이 쏟아져 나온다. 그 정보들이 우리의 잠재의식에 쌓이고 의도와 다르게 현실이 다르게 흘러간다. 디지털 디톡스를 행하여 내 삶을 바꾸겠다고 결심하자. 우선 내가 스마트폰에 심각하게 중독되었다는 것을 인정하자.

중독을 인정했으면 이제 벗어나기 위한 단계를 시작해보자. 술이나 담배를 끊을 때 보통 단박에 끊는 방법을 선호한다. 그러나 스마트폰을 단박에 끊기에는 일상에서 불편함 때문에 쉽지 않다. 욕심 부리지 말자. 우리는 그저 하루에 단 3시간만 디지털 디톡스(Digital Detox)를 실천하자고 결심하면 된다. 아침에 일어나서 1시간과 잠들기 전 2시간이다. 그 어떤 핑계도 대지 말고, 이 단 3시간은 스마트폰을 상자에 넣어두자. 나의 몸과 정신에서 멀리하자. 그 시간 동안 내면이 회복기를 가질 것이다. 그리고 일요일에는 〈스마트폰 벗어나기〉라는 프로젝트에 도전해보자. 도전해보고 그 성취감을 만끽해보자. 내가 변화를 위한 강한 의지가 있음을 보이자.

정보를 선별하는 연습을 하자. "그건 누구 생각인가"라는 방어벽을 현재의식에 명확하게 심어두자. 현재의식이라는 방어벽이 단단하면 잠재의식으로 정보가 그냥 흡수되지 못한다. 무차별로 들어오는 정보들을 방어하자. 광고는 '지금의 나는 너무 부족해'의 정보를 보낸다. 미디어는 '세상은 너무 위험해, 부조리해'를 보낸다. 연예인과 셀러브리티의 일상은 '이들에 비한 내 삶은 비루해'이다. 이 사실을 기억하며 내 잠재의식에 스며들지 못하게 하자. 우리는 쓰레기를 입 속에 넣지 않는다. 그러나 스마트폰을 통해 최면에 빠진 것처럼 마음에 쓰레기를 억지로 집어넣고 있다. 나의 정신과 마음을 보호하고 챙길 사람은 오로지 나 자신뿐이다.

앞으로 더 자극적인 콘텐츠들이 쏟아져 나올 것이다. 당신은 그 자극 속에서 일상의 피로감을 잊고 싶다라고 말한다. 그러나 사실은 나의 현실을 명확하게 보고 싶지 않은 거다. 나 자신의 실체를 마주하기 두려운 거다. 과거를 후회하고 미래를 걱정하는 나날에 익숙해진 거다. 변화의 과정은 도저히 안 될 것 같은 순간을 넘어야 가능하다. 지금 당신은 그 순간을 넘어야만 한다. 잠재의식에 저장된 정보와 믿음은 반드시 현실에 나타난다. 이 사실을 알고도 그렇게 잘못된 정보를 계속 넣는 것은 나 자신을 방치하는 것이다. 스스로를 지키고 보살피자. 자신에 대해 끝까지 책임지자. 나 외에는 아무도 나를 지켜주거나 보살펴줄 수 없다.

나를 상냥하게 대하기 :
나를 못살게 구는 태도 버리기

내가 대접받고 싶은 만큼 남을 대접하라는 말이 있다. 여기서 우리는 그 말을 우리를 우선시하는 관점으로 바꿔보자. "남에게 대접받고 싶은 만큼 나를 대접하라"이다. 당신은 이 세상에 하나뿐인 존재이다. 그 사실을 알고 있다. 당신과 같은 사람은 이전에도 없었고, 앞으로도 없을 것이다. 단 한 번만 살 수 있는 인생에서 단 한 번만 살 수 있는 나 자신이다. 그런데 우리는 자신에게 왜 그렇게 못되게 구는 걸까. 왜 그렇게 못살게 구는 걸까. 남에게는 그렇게 친절하고 상냥하게 굴면서 왜 자신에게는 그렇게 하지 못하는가. 나를 대접하지 못하면, 잠재의식은 그렇게 대접받지 못한 현실을 끌어올 것이다. 나를 대하는 태도를 바꿔야 한다.

"그냥, 대충 먹어"라고 말하는 사람이 있다. 식사메뉴를 대충 선택하자는 의미이다. 아니면 먹으면 그만이니 구색을 갖추지 말자는 의미이기도 하다. 아끼는 차에는 좋은 기름을 넣어주면서 왜 내 몸에 넣는 음식을 대충 선택하는 걸까. 그러면서 왜 내 몸이 항상 최상의

216

컨디션을 유지하길 바라는 걸까. 차를 아끼면 정성을 들여 손 세차한다. 그런데 우리는 자신을 그렇게 돌보지 않는다. 결국, 소중히 여기지 않는다는 의미다. 지금부터 음식을 먹을 때 갖출 수 있는 만큼 갖춰서 먹자. 적어도 음식을 예쁘고 깨끗한 접시에 놓고 먹자. 그리고 수저와 젓가락만큼은 가장 좋은 것을 선택하자. 배달음식이나 포장 음식을 먹을 때도 마찬가지다.

나를 귀하게 여기자고 결심했다. 당연히 어떤 일이 있어도 비교를 하면 안 된다. 법륜 스님은 〈즉문즉설〉에서 비교가 고민이라는 사연자에게 이런 해답을 준다. 한 번의 비교를 할 때마다 1,000배를 하라고 말한다. 법륜 스님의 말씀처럼 한 번의 비교에 1,000배라는 대가가 치러지면 우리가 과연 할까. 비교를 하는 것은 우리의 선택이다. 비교를 하는 순간 그 자리에서 스쿼트 10번을 무조건 한다고 결심하자. 번화가 한복판이어도 해야 한다. 그 정도의 결심을 하고 비교를 하지 않겠다고 마음먹자. 남과 비교를 할 때, 그건 나에게 주는 가장 큰 상처이다. '저 사람은 저런데 나는 이래'라는 그 말은 나에게 그 어떤 도움도 되지 않는다.

무슨 일이 있어도 나를 비난하지 말자. "~했어야 했는데"식의 말투를 아예 버리자. 어차피 우리가 타임머신을 타고 그때로 돌아갔어도 우리는 같은 선택을 했다. 분명한 사실이다. 같은 잠재의식을 가지고 있는데 다른 선택을 할 리가 없다. 그 말이나 생각을 했을 때는 팔굽혀펴기 10번을 하라. 친한 친구가 당신 앞에서 후회되는 일을 얘기했을 때 그렇게 말하지 않는다. '너는 최선의 선택을 한 거야'

'다른 선택을 했다고 더 좋았을 거라는 보장은 없어' 등의 말을 했을 거다. 스스로에게 친한 친구에게 해줄 법한 말을 해주자. 무조건 내 편을 들어라. 내가 내 편을 들고 나의 선택들을 존중해줘야, 현실도 똑같이 반응한다.

음식을 접시에 깨끗한 상태로 먹는다는 것은 나를 손님처럼 귀하게 여긴다는 의미다. 나는 이 세상에서 가장 소중한 존재임을 항상 자각하는 행동이다. SNS는 한동안 끊자. 완벽한 사람들이 모여 있는 비현실적인 공간이다. 그 사진 한 장이 얼마나 공들여 만져진 것인지 더 잘 알고 있지 않은가. 비교하지 않고, 비난하지 않는 것. '후회'라는 쓸모없는 생각과 감정에 나를 소모시키지 않는 것. 모두 귀한 손님을 접대할 때 당연히 하며 주의한다. 나는 손님만 못한 존재가 아니다. 가장 귀한 존재이다. 나를 손님처럼 대하는 연습을 하자. 남에게 대접받고 싶은 만큼 자신을 대접하자. 그러면 내 잠재의식은 같은 현실을 끌어당겨 온다.

내가 머무는 공간을 정리하기:
나는 존중받을 자격이 충분한 사람

깨끗하게 정리되어 있고 청소가 잘 된 집을 가본 적이 있을 것이다. 다양한 생각을 할 수 있다. 그러나 절대로 '아, 이 사람 인생 대충 사는구나' 식의 생각은 하지 않는다. 반대로 쓰레기가 잔뜩 쌓인 집에 방문한다. 절대로 '어머, 이 사람 자신을 소중히 여기는구나'라고 생각하지 않는다. "내가 남에게 대접받고 싶은 만큼 나를 대접해야 한다." 내가 머무는 곳을 깨끗하게 하는 것은 나를 그만큼 존중하는 태도이다. 청소와 정리정돈이 일상화된 곳에서 머무는 것은 중요하다. 잠재의식에게 자격을 부여하는 의미다. '나는 깨끗한 곳에 머물 자격이 충분하다'라는 허락을 해주는 것과 같다.

환기를 시키지 않고 공간을 밀폐시켜 놓으면 곰팡이가 핀다. 곰팡이가 피었을 때 그냥 놔두면 알아서 사라질까. 아니다. 그 곰팡이를 닦고 예방을 위해 환기를 계속 시켜야 한다. 첫 번째로 할 일은 내가 머무는 곳을 자주 환기하는 것이다. 창문을 열거나 문을 열자. 공기가 밀폐되게 놔두지 말고 흐르게 하자. 그리고 이미지로 공기가 순환

하는 것을 상상하자. 그 공기 안에는 내가 나도 모르게 한 부정적인 생각과 언어가 담겨 있다고 상상하자. 그리고 환기를 시켜서 그 부정성들이 빠져나가는 것을 상상하자. 끌어당김의 법칙에서 중요한 '상상력'을 강화시킬 수 있다. 동시에 부정적인 생각을 긍정적으로 바꿀 수 있다. 매일 문을 열어 공기를 바꾸자.

쓸고 닦는다. 지저분한 물건들을 치운다. 제자리에 둔다. 마구 흩어진 물건들을 깔끔하게 정리정돈한다. 쌓이기 전에 설거지하고 빨래를 한다. 빨래를 잘 말린다. 이제 우리가 머무는 공간을 매일 이렇게 행동 습관을 들여서 깨끗하게 유지시켜야 한다. 만약 혼자 사는 게 아니라 가족과 살고 있다면 이제부터 저 일을 스스로 하자. 공간을 깨끗하게 유지시켜서 나를 귀하게 대접하는 과정이다. 동시에 설거지나 청소, 빨래는 모두 오염된 것을 깨끗하게 만드는 과정이다. 그 과정은 우리가 내면에서 해야 할 일이기도 하다. 청소, 빨래, 설거지, 정리정돈할 때 나의 내면도 똑같이 깨끗해지고 정리되는 과정이라고 상상하자.

손님을 초대하자. 집을 깨끗하게 유지시키는 습관을 들이는 최고의 방법은 손님을 초대하는 것이다. 어질러진 것들을 치우고, 쓸고 닦으며 손님을 맞이하는 연습을 하자. 우리가 여행을 가서 숙소의 문을 열 때 바로 그 짧은 순간이 모든 것을 평가한다. 객실이 지저분하고 어질러져 있으면 우리는 불쾌감을 느낀다. 그런데 왜 우리가 매일 사는 집을 그렇게 놔두는 걸까. 문을 열고 들어갔을 때 불쾌감을 느끼는 것은 감정이다. 나의 잠재의식이 그렇게 느낀 것이다. 잠재의식이 느낀 불쾌감은 내 현실로 더욱더 끌어당겨온다. 매일 문을 열고 들어가는 집이 깨끗한 상태인 건 그만큼 중요하다. 그 습관을 들이기 위해 손님을 자주 초대하자.

당연하고 중요한 일인데 소홀하게 여기는 경우가 많다. 그러나 우리가 무엇인가 새로 배울 때 항상 기본부터 배우는 걸 기억하자. 수영을 처음 배우거나 태권도를 배울 때 기본자세부터 잘 배워야 하는 것과 같다. 나를 귀하게 대접하는 것은 인생을 변화시키는 가장 기본기이다. 무엇을 먹더라도 접시에 놓고 먹는 것을 습관화하자. 내가 머무는 공간을 항상 깨끗하게 유지하는 것이 나를 존중하는 태도의 첫걸음으로 생각하자. 청소와 설거지를 할 때 내 마음이 깨끗이 닦인다고 생각하자. 내가 나를 대접하고 존중하는 만큼 잠재의식이 그와 같은 것들을 현실에 비춰준다. 자기 자신을 존중하는 습관을 들이자. 나는 존중받을 자격이 충분하다.

내가 진정으로 원하는 인생 :
평범해도 괜찮다

끌어당김의 법칙과 잠재의식의 힘을 아는 것은 내가 원하는 현실을 만나는 과정이다. 동시에 자신에 대해 알아가는 중요한 과정이기도 하다. 내가 진정으로 원하는 삶이 어떤 것이고 내 모습이 어떤지 탐구하는 과정이다. 나만이 할 수 있는 일이기도 하다. 지금이 아니면 할 수 없다. 생이 끝나는 즈음에 "아직도 내가 누군지 모르겠어"라는 말을 하고 싶은 사람은 없다. "이제는 내가 누군지 알겠어. 내 삶은 만족스러웠어"라고 말하고 싶을 것이다. 내가 원하는 현실을 만나기 전에 '원하는 것'에 대한 질문도 필요하다. 당신은 정말로 그것을 원하는 게 맞나. 다른 사람들이 원한다고 해서 휩쓸리는 건 아닌가. 내가 진짜 원하는 것을 찾아보자.

우리가 이상적으로 생각하는 '이상 자아'와 '이상 현실'이 있다. 사람들 저마다 다른 게 당연하다. 그러나 우리가 원하는 소망들은 거의 비슷하다. 같은 시대를 살면서 그 시대에서 중요시된 '이상 현실'을 꿈꾸고 있는지도 모른다. 내가 진정으로 원하는 게 어떤 것인지 찾아야 한다. 〈남 보기 좋은 삶〉이 우리의 목표가 아니다. 〈진정으로 내가 행복한 삶〉이 목표다. 결국에는 나의 내면과의 대화가 필수적이다. 어떤 원하는 게 생겼으면 정말 당신이 원하는 것인지 물어보자. 작게는 점심 메뉴부터 시작해보자. 내가 진짜로 먹고 싶은 음식이 어떤 것인지 선택해보자. 그리고 그 메뉴가 정말로 원하는 메뉴인지 마음에 집중하는 연습을 하자.

법륜스님은 '이상 자아'는 높은데 '현실 자아'가 그에 도달할 수 없을 때 열등감이 생긴다고 했다. '이상 자아'가 그만큼 월등히 높다는 건 우월감이 남들보다 크다는 의미이기도 하다. 결국 열등감을 가졌다는 건 우월감이 크다는 의미이다. 열등감과 우월감은 같은 것이다. 우리는 내면이 진정 원하는 것을 찾아야 한다. 그렇지 않으면 열등감과 우월감을 채우기 위해 〈남 보기 좋은 삶〉에 시선을 돌리게 된다. 그것은 내가 원하는 것이 아니다. 내 현실에 이루고 나서도 나는 행복할 수 없다. 내가 원하는 것이 행복함과 즐거움이라는 감정이라는 걸 기억하자. 내가 원하는 것에서 그것이 나에게 '행복'과 '즐거움' '기쁨'을 주는지 살펴보아야 한다.

처음부터 내가 원하는 삶을 물어도 대답이 들리지 않는다. "평범해도 괜찮다"라고 잠재의식에게 말해주자. 내면이 우월감과 열등감의 족쇄에서 벗어나 날아오르게 해주자. 평범하게 살아도 괜찮고, 소박하고 평범한 삶을 소원으로 여겨도 괜찮다. 내면에 부담감을 덜어주고 감정에 먼저 집중해보자. 어떤 점심 메뉴를 골랐을 때 기분이 좋은가. 오늘은 집에 있는 것과 외출하는 것 중 어떤 것을 원하는가.

무엇을 할 때 가장 기분이 좋은가. 어떤 음식을 먹고 어디를 갔을 때 기분이 좋은가. 어떤 사람을 봤을 때 저렇게 되고 싶다고 여기는가. 하나하나 나에게 질문해보자.

특별해지려고 애쓰지 않아도 괜찮다. 당신은 이미 특별한 존재이다. 반드시 다른 사람들보다 특출나야 내가 귀한 존재라는 증명이 아니다. 남들에게 없는 것들을 가지고 있어야 성공의 증명도 아니다. 당신이 원하는 현실은 반드시 나타날 것이다. 그 현실 안에서 당신은 행복과 기쁨을 누리며 살 수 있다. 그 사실을 믿고 지금 보통의 삶을 살아도 괜찮다는 것을 자신에게 말해주자. 내가 어떤 것을 가지고, 가고, 만나고, 먹고, 마시고, 들었을 때 감정이 즐거운지 먼저 집중하자. 잠재의식은 감정을 통해 자신을 표현할 것이다. 귀를 기울이자. 나의 행복을 책임지기 위해 내면에 귀를 기울이는 연습을 하자.

잠재의식을 위한 영양제 :
산책과 움직임

　운동이 항우울제이다. 현대사회에 있는 다양한 마음의 병을 대비하기 위한 가장 좋은 예방주사이기도 하다. 마음의 병이 찾아온 사람이 밖으로 나가는 건 쉽지 않다. 당연시했던 평범한 일상이 무너져서 작은 일들이 시련처럼 느껴진다. 방법은 예방주사를 미리 맞는 것이다. 운동을 무조건 하나 선택하자. 배워보고 싶었던 운동도 좋고 집 근처와 가까워서 배울 수 있는 운동도 좋다. 다른 사람에게 알려줄 수 있을 정도까지 해내는 것을 목표로 삼자. 운동이 필수사회인 만큼 그것과 관련된 이론 정보들이 넘쳐난다. 언제 운동해야 좋고, 하기 전에 뭘 해야 하고, 하고 나면 뭘 해야 한다고 말한다. 일단 귀 기울이지 말자. 시작이 목표다.

　'내 기분을 좋게 하는 방법은 몸을 움직이는 것'을 새롭게 잠재의식에 각인시키자. 우리는 지금 건강을 위해 운동을 하려는 게 아니다. 내 기분을 좋게 만들기 위해 운동을 하자는 거다. 내 잠재의식의 감정을 위해 운동을 하자는 말이다. 가라앉은 감정과 마음을 떠오르게 하는 것에 가장 좋은 해결책은 몸을 움직이는 거다. 마음이 즐거워야 몸이 움직이는 것이 아니다. 몸을 움직여야 마음이 뒤따른다. 끌어당김의 법칙에서 '좋은 감정'은 핵심이다. 이렇게 말할 수 있다. "사람인데, 항상 기분이 좋을 수 없다"라고. 맞는 말이다. 그러나 적어도 감정이 가라앉았을 때 이끌어 올릴 수는 있다. 몸을 움직여라. 누워 있거나 앉지 말고 일어서서 움직여라.

끌어당김의 법칙은 집 안에 가만히 앉아서 생각과 감정을 바꾼다고 끝나는 것이 아니다. 많은 영적 지도자들이 '행동'을 필수적으로 언급한다. 우리는 그 '행동'에 앞서 몸을 움직이는 과정을 습관화들일 것이다. 내 감정이 어두워질 때 밝게 전환시킬 선택권을 손에 쥐고 있을 거다. 운동을 등록하라. 아마 수십 가지의 핑계를 댈 수 있을 거다. 그러나 그럼에도 불구하고 운동을 등록하라. 그 어떤 운동이어도 좋다. 일단 등록해라. 그리고 100번을 채우겠다고 약속하자. 못해도 일주일에 2번을 목표로 하여 100번의 횟수를 채우겠다고 결심하라. 100번을 채우고 난 후에 마저 불평해도 괜찮다. 그러므로 일단은 등록하고, 100번을 채워야 한다.

도저히 등록하고 싶지 않다고 하면 두 가지를 결심하자. 매일 산책을 나가는 것이다. 일이 늦게 끝나고, 비가 오나 눈이 오나, 덥거나 춥거나 상관없다. 무조건 문을 열고 밖으로 나가 산책을 해야 한다. 매일 해야 한다. 20분만 걷는 것이라고 하더라도 매일 해야 한다. 이것이 첫 번째 결심이다. 당신이 집에서 하겠다면 '홈트레이닝'을 해도 좋다. 그러나 횟수를 2배 채워야 한다. 200회를 채워라. 그리고 이것도 역시 매일 행해야 한다. 매일 산책을 다녀오고 홈트레이닝을 하는 횟수 200회를 어떤 경우가 있더라도 채우자. 저마다의 사정이 있다. 매일의 피치 못할 경우도 있다. 그럼에도 불구하고 행하기로 결심하자.

무엇인가 새로운 것을 시작할 때 항상 반발심에 맞서야 한다. 핑계들과 수많은 경우의 수들을 대고자 한다면 끝이 없다. 행동하는 것 자체와 몸을 움직이는 것이 중요하다. 횟수를 반드시 채워야 한다. 그 횟수 안에서 '움직임의 질'이 별 볼일 없어도 상관없다. 여기서는 '질보다는 양'이다. 헬스장 가서 10분만 러닝머신하고 와도 좋고, 산책을 5분만 할 날도 있을 것이다. 그래도 횟수를 채웠으니 괜찮다. 그 횟수를 채우고 나서 운동을 바꿔도 좋고 그만둬도 좋다. 그러나 일단 횟수는 반드시 채우자. 몸을 움직이자. 생각과 감정이 움직이기 시작하고 있다. 당연히 생각과 감정을 담은 그릇인 나의 '몸'도 함께 움직여야만 한다. 움직이자.

사람들 틈에서 최선을 다하기:
변화의 힌트는 사람들 사이에 있다

인간관계에는 정답이 없다. 나이를 먹고 인생에 통달한 사람일지라도 똑같다. 결국, 사람 때문에 문제를 겪고 힘들어한다. 완결의 단계가 없다. 하늘이 맺어주었다는 부모-자식 간의 관계도 깨진다. 몇십 년을 함께한 우정이 깨지기도 한다. 천생연분 같았던 연인과도 헤어진다. 평생을 함께하자고 약속한 부부가 깨지기도 하고 형제의 우애도 갈라진다. 누구에게나 인간관계는 어렵다. 그리고 인간관계에 문제가 없는 사람도 없다. 나만 인간관계에 서툰 게 아니다. 나만 어려워하며 괴로워하는 게 아니다.

인간관계는 누구에게나 쉽지 않고, 한 번 갈등이 생기면 세상이 무너지는 것 같다. 그렇다고 '이제 난 두 번 다시 그 누구와도 관계를 맺지 않겠다'라고 말할 수 있을까. 불가능하다. 우리는 사회적인 존재다. 우리는 사회적인 동물이다. 우리에게 사람들 간의 관계는 필수 요소다. 고립의 고통은 상상을 초월한다. 교도소 수감자가 문제를 일으켰을 때 독방에 가두는 이유를 떠올려보라. 소설이나 영화의 소재에서 홀로 남은 사람들의 이야기를 생각해보라. 그들은 혼자 있을 때 고통스러워한다. 우리의 '감정'이 사람들을 필요로 한다. 우리의 잠재의식은 사람들과 함께 살아가는 것으로 프로그램되어 있다. 관계의 중요성을 항상 기억하자.

몸을 움직이는 것을 목표로 삼았을 때, 운동을 등록하라고 강조했다. 집에서도 운동을 할 수 있는 시대임에도 불구하고 등록을 하라 강조한 이유가 있다. 운동을 배우러 다니는 곳에는 사람들이 존재한다. 그리고 그 안에 관계가 존재한다. 관계라는 것이 인사하고, 사적으로 친해져서 친구가 되는 것만을 의미하지 않는다. 따로 인사도 하지 않고 묵묵히 각자의 운동만 한다고 하더라도 그것도 사회적 관계다. 나 이외의 다른 사람들이 존재하는 것을 감각으로 느끼는 것이다. 산책도 마찬가지이다. 밖에는 항상 사람들이 존재한다. 각자 자신의 영역을 지키며 행동하는 것뿐이다. 그럼에도 불구하고 같은 공간에 있는 것도 관계의 일종이다.

'관계의 확장'을 항상 생각하자. 관계를 통하여 나의 가치관이 넓어진다는 걸 기억하자. 친구를 만나서 이야기를 하며 나와 전혀 다른 생각을 공유한다. 혹은 사회적 관계에 있는 사람들을 만나서 대화를 하며 생각을 나눈다. 이런 대화들을 통하여 나의 좁았던 세계관이 확장된다고 상상하자. 우물 안 개구리에게 사람들 간의 직접적이고 간접적인 관계를 통해 우물물이 채워지는 거다. 자신을 고립시키지 말자. 사람들 틈에 나를 계속 끼워 넣자. 다양한 사람들을 마주치고 스쳐 지나가자. 그것도 관계의 일부다. 사람들 틈에서 살아가는 것만으로 우물 안 개구리를 탈출할 수 있다. 우리는 서로 공감하며 살아가는 사회적인 존재이자 선한 존재이다.

나의 가치관을 넓히는 과정은 나에 대해 알아가는 힌트를 얻는 것과 같다. 나에게 좋은 것, 내가 진정 원하는 것을 찾는데 혼자 찾는 것은 한계가 있다. 친구와 다른 사람과의 대화에서 나의 좁았던 시야가 넓어진다. 혹은 카페에서 들리는 다른 사람의 어떤 대화에서 우리는 세계관이 확장된다. 우리는 잠재의식에게 삶의 변화를 요청했다. 내 삶을 나아지게 할 수 있는 힌트가 바깥세상에 숨어 있다고 생각하자. 사람들 틈에 감춰져 있다고 생각하자. 사람들 관계에 겁먹지 말자. 숨지 말자. 자기 자신을 고립시키지도 말자. 사람들은 언제든 우리를 도와줄 준비가 되어 있다. 사람과의 관계는 내 인생에서 더할 나위 없이 중요하다.

종이에 글로 적기:
노트 위에 볼펜으로 내 마음 풀어보기

기분 좋은 상태를 유지하면 기분 좋은 상황들이 찾아오는 것이 끌어당김의 법칙이다. 기분 좋은 감정을 자주 느끼고 언제든 감정을 전환시키는 능력을 길러야 한다. 항상 좋은 기분을 유지하는 게 최상이지만 처음부터 무리하지 말자. 욕심 부리지 말자. 좋지 않은 감정에 갇혔을 때 그것을 좋은 감정으로 바꾸는 것을 첫 목표로 삼자. 감정에는 항상 원인이 있다. 콩 심은 곳에서는 콩이 난다. 내가 지금 일상에서 자주 느끼는 감정은 내가 심은 씨앗이다. 만성화된 감정에서 벗어나 좋은 감정을 푹 빠지는 즐거움을 누려보자.

먼저 노트와 펜을 준비하자. 평범한 노트가 아니라 우리가 준비할 것은 〈좋은 노트〉이다. 고기 외식 한 번 할 수 있을 정도의 금액대의 노트를 선택하자. 평상시 내 소비패턴에서 벗어난 물품을 비싸게 구입하는 데에는 용기와 설득이 필요하다. 자신을 설득하자. 저렴하지 않은 금액대의 좋은 노트를 구입하자. 이제 우리는 그 좋은 노트에 매일 손으로 글자를 적어야 한다. 이 시간은 잠재의식과의 대화라고 말해도 좋다. 내 감정에 대해 이해를 가지는 시간이다. 이 시간이 누적되면 결국에는 감정 조절능력을 가질 수 있다. 일기를 써도 좋지만 일기와는 다르다. 우리는 여기에 오늘 하루 일어난 일을 적는 것이 아니라 감정에 집중할 거다.

맨 앞장에 내가 원하는 내 감정 상태를 적자. '평온함, 안정감, 만족감, 기쁨, 즐거움, 환희' 그저 적기만 해도 감정이 좋아지는 그런 상태를 적자. 그리고 그에 반대되는 내가 피하고 싶어 하는 감정들도 적자. 부정적인 감정은 너무 많이 적지는 말자. 불안과 걱정, 우울과 후회 정도 적어도 좋다. 좋은 감정을 최대한 많이 적자. 이제 우리는 매일 노트의 맨 위에 날짜를 적고 이 감정 상태에 맞추는 연습을 해야 한다. 하루를 마무리하기 전에 노트를 펼치자. 그리고 하루를 되돌아보며 그날의 주된 감정이 어떤 것인지 살펴보자. 핵심 감정을 적자. 만약 '짜증남'이었다면 그것을 위에 적자. 해야 할 일은 이제 짜증을 좋은 감정으로 바꾸는 거다.

감정은 소중하다. 나의 모든 감정을 인정하고 존중해주라. 우리는 어두운 감정을 밀어내는 것이 아니다. 오히려 그 감정들도 존중해주고 나서 좋은 감정으로 변화시키는 거다. '짜증남'의 이유를 찾아라. 그냥 짜증이 난다는 답이 아니다. 이유는 반드시 존재한다. 그 감정이 나를 지배하기 전에 보고, 들은 것을 떠올려보라. '왜?'를 계속 질문하라. 노트에 그 과정을 모두 적어보라. 짜증의 원인을 찾을 때까지 노트를 덮지 말자. 당신의 짜증의 원인이 '단골 카페에 갔는데 혼자라는 이유로 홀대받았다'같이 구체적으로 나올 때까지 질문하라.

마치 갑자기 토라진 애인의 감정 원인을 찾는 것처럼 끝까지 '왜?'라는 질문으로 찾아내자.

찾아냈다면 축하한다. 당신은 처음으로 내 감정의 원인을 치열하게 찾아냈다. 오랫동안 침묵을 강요받았던 잠재의식이 입을 열었다. 해결방법을 따로 찾지 않아도 된다. 당신은 무조건 자기편을 들어야 한다. 내 감정이 원하는 상태 '평온함, 만족감, 기쁨, 즐거움'이 될 때까지 나를 위로해주고 달래주자. 이 연습을 반복할수록 자신감이 생길 것이다. 나를 알아가는 과정에는 노력이 필요하다. 원인이 없는 감정은 없다. 갑자기 이유도 없이 튀어나오는 감정도 없다. 내 감정을 내가 해소시킬 수 있다. 감정은 바꿀 수 있다. 지금까지는 외면받은 감정이 현실을 만들었다. 감정을 바꾸면서 내 현실도 바꿀 수 있다.

감정 안에 감춰진 믿음들 찾아내기:
내 감정 쏟아내는 연습

우리는 탈피의 과정을 겪으며 기존의 허물을 벗어내는 중이다. 고통스럽고 그만두고 싶다는 충동이 든다. 이런 게 다 무슨 소용이 있나 싶다. 하루를 보내기도 벅찬데 너무 한 것 같기도 하다. 그러나 지금 멈추면 우린 지금과 다를 것 없는 인생을 살아가야 한다. 탈피의 과정을 지나면 새로운 내가 기다리고 있는데 그 모습을 영영 볼 수가 없다. 여기까지 오면서 당신이 느꼈던 만족감을 기억하자. 해낼 수 있다. 그동안 나를 그만큼 소홀히 대하고 방관해 왔다. 자기 학대에 가까울 정도로 나를 나무라며, 억눌러왔다. 포기하지 말자. 그리고 과정을 즐겨 나가보자.

'좋은 노트'가 여전히 펼쳐져 있을 거다. 이 노트를 죽을 때 함께 가지고 가겠다는 마음으로 솔직함을 담자. 감정을 살펴보고 좋은 감정으로 바꾸는 것이 목적이지만 반드시 지킬 필요는 없다. 그날의 기분 좋은 일을 적어도 좋다. 내가 어떤 것을 보고 들었을 때, 기분이 좋아졌다면 원하는 것이니 적어도 좋다. 어떤 사람을 보았는데 저렇게 되고 싶다면 적어놓아도 좋다. 이 노트를 잠재의식의 놀이터라는 마음으로 편하고 즐겁게 적자. 이것은 평생 해야 할 일이라는 마음으로 계속하자. 앞에서 좋은 감정을 유지하기 위해 감정을 살펴보고 바꾸는 것에 집중했다. 그러나 간혹 감정을 바꾸려고 애를 써도 잘되지 않을 때가 있다. 이때가 열쇠다.

이번만큼은 좋은 감정으로 바꾸는 게 쉽지 않다. 감정을 해소하려는 것으로는 풀리지 않는다. '왜?'라는 질문을 계속해도 쉽지 않다. 잠재의식이 말하는 순간이다. "조금 더 나를 살펴줘"라고 말하고 있는 거다. 잠재의식은 7살 이전의 정보들을 모두 저장했다. 그 정보 안에는 믿음들이 감춰져 있고, 우리는 그 믿음으로 살아왔다. 아무리 살펴보아도 감정의 원인을 찾을 수 없다면 그날 하루가 원인이 아니다. 더 오랜 과거로 돌아가서, 숨겨진 믿음을 찾아내야 한다. 굳이 모든 과거를 들쑤실 필요는 없다. 우리는 그저 감정 안에 감춰진 믿음을 찾는 거다. 그 믿음은 보통 '~할 자격이 없어' '부족해' '나는 한심해' '두려워'로 공통되어 있다.

이별로 힘들어하고 있다 하자. 모든 이에게 이별은 힘들다고 당연시해도 풀리지 않는다. 감정을 적으며 원인을 찾는다. 행복해 보이는 연인의 모습을 보아서 지난 연인과의 추억이 떠올렸다고 찾았다. 그러나 감정이 풀리지 않는다. '왜?'라는 질문에서 '어떤 믿음이 날 여기로 이끌었을까?'로 질문을 바꾸자. 그리고 조금만 더 인내심을 발휘하여 노트에 계속 적어보자. 잠재의식은 반드시 감춰둔 '믿음'을 보여줄 것이다. '나는 부족한 사람이라서 헤어진 연인만큼 좋은 사람을 만날 자격이 없어. 못 만날 것 같아. 두려워'라는 핵심 믿음을 찾아낼 때까지 숨겨진 믿음을 찾아내자.

우리는 스스로를 귀하게 여기겠다고 결심했다. 잠재의식에 감춰진 믿음들은 나를 귀하게 여기는 태도가 아니다. 나는 부족하지도 않고, 자격이 없지도 않으며, 두 번 다시 기회를 못 찾을 불운아(不運兒)도 아니다. 이 사실을 항상 기억하자. 잠재의식의 감정과 믿음을 들여다보고 귀를 기울여주자. 처음에 서투른 과정이 지나고 나면 나와의 소통이 수월해질 수 있다. 생각해보라. 내가 내 감정을 조절하는 것만으로 얼마나 자유를 느낄 수 있는지 상상해보자. 당신은 그렇게 될 수 있다. 허물은 벗겨질 거다. 새로운 모습의 나와 인생이 당신을 기다리고 있다.

뻔뻔하게 살기:
당신은 당당해질 자격이 충분하다

과거에 가졌던 삶에 대한 태도는 지나친 겸손함이었다. 정말 지나칠 정도로 겸손해서 어깨를 움츠린 채, 고개까지 숙이고 다녔다. 지금은 그저 뻔뻔한 태도로 살고 있다. 상반되는 두 가지의 삶의 태도로 살아본 결과, 굳이 골라야 한다면 뻔뻔한 게 나은 선택이다. 우리는 이제 뻔뻔한 태도를 잠재의식에 새겨야 한다. 뻔뻔함이라는 것은 결국 내 인생에 대한 당당한 태도이다. 내 권리를 당연히 받고, 취하는 태도이다. 이제 우리는 잠재의식에 깊숙하게 새겨진 "나는 ~할 자격 같은 건 없는 사람이야"에서 벗어나야 한다. 당신만 피해를 보는 생각이다. 그런 생각을 한다고 아무도 당신을 가엽게 여기지 않는다. 어여쁘게 보지도 않는다.

'뻔뻔한 태도는 다른 사람들에게 미움받아'라고 생각할 수 있다. 걱정하지 말자. 우리는 지나치게 겸손한 태도를 지니고 있다. 너무 오랜 시간 피해의식에 갇혀 있었던 덕분에 왜곡된 겸손함과 한 몸이 되어 있다. 나에게 친절을 베푸는 사람을 만난다. 그때 '나에게 왜 이

러는 걸까. 나 까진게 뭐라고. 나는 이런 대접 받기 과분한 사람인데'
라고 잠재의식이 작동한다. 왜곡된 겸손함이다. 그저 사람들에게 조
금이라도 사랑받고 싶어서 하는 생각이다. 그저 사람들에게 미움받
기 두려워서 마음을 위축시키는 태도이다. 그런 겸손한 척은 나를 귀
하게 여기는 태도가 절대로 아니다. 일단 무슨 일이 있어도 왜곡된
겸손함을 취하지 않겠다고 결심하자.

그러나 우리의 최종 목표는 〈뻔뻔하게 살기〉다. 한동안 왜곡된 겸
손함을 버리는 연습을 하자. 나는 절대 내 인생의 피해자가 아니다.
지금까지의 인생살이는 모두 내가 선택한 것들이다. 당신은 피해자
가 아닌 선택자라는 사실을 기억하자. 이제까지는 그렇게 나도 모르
는 잠재의식의 믿음에 의해 살아왔다. 진실을 알았으니 태도를 바꾸
자. 생각과 감정, 행동도 바꿨으니 태도까지 바꿔보자. 밑져야 본전
이다. 한 번쯤은 뻔뻔하게 살아보자, 생각하고 태도를 바꿔보자.

나의 권리는 당연하게 누려라. 내가 지불한 것이 있다면 당당하게
취하라. 호들갑을 떨자. 지금까지 일들을 실천했다면 매일 호들갑스
럽게 자신을 칭찬하라.

내가 했던 행동과 바뀐 생각의 방식, 감정조절능력 등에 호들갑스
럽게 칭찬하며 자신을 과대평가하라. 남들과의 비교로 우월감에 빠
지는 것이 아니다. 과거의 나, 어제의 나와 비교하여 나아진 오늘의
나, 지금의 나를 치켜세우는 거다. 조금이라도 변화했다면, 거부감을
무릅쓰고 해야 할 일을 해냈다면 호들갑스럽게 칭찬하라. 〈좋은 노
트〉에 당당히 칭찬받을 일을 적고 호들갑스럽게 나를 칭찬하라. 예를

들어 방을 청소했다고 하면, 노트에 그 사실을 적어라. 그리고 나의 뒤통수를 쓰다듬어 주던 손등에 뽀뽀를 해주며 칭찬을 해주자. 대단하지 않은가. 당신은 자신을 귀하게 여기는 행위를 했다. 자신을 책임지는 행동을 해낸 거다.

매일 열심히 살아가는 당신은 진정으로 대단한 사람이다. '남들도 다하는 건데'라고 생각하며 자신의 행동을 낮추지 말자. 이 일이 남에게 쉬운 일인지, 힘든 일인지. 혹은 당연한 일인지 당연하지 않은 일인지 모른다. 그리고 우리에게 판단할 권리는 없다. 우리는 변화의 과정을 겪는 동안 오로지 자신만을 보아야 한다. 뻔뻔하고 당당한 태도를 잠재의식이 익숙해질 때까지 연습하자. 자신의 권리를 지키고 누려야 한다. 내가 삶에 대한 태도를 바꾸면 주변이 바뀌기 시작한다. 내 현실이 그에 맞춰 변화하기 시작한다. 당당함을 펼칠 수 있는 현실이 펼쳐지게 선택하자. 이미 여기까지 온 당신은 대단한 사람이다. 변화를 결심한 스스로를 칭찬해주자.

긍정적인 세상 변호하기:
세상은 넉넉하고 풍요롭다

영화 〈쇼생크 탈출〉에 이런 대사가 있다. "좋은 것은 결코 사라지지 않는다." 이제 이 말을 기억하자. 우리가 이제부터 해야 할 일은 결코 사라지지 않는 좋은 것들을 찾아내야 한다. 좋은 것들만 바라보는 연습이 필요하다. 여자들이 임신하면 어떻게 하는가. 좋은 것을 보려고 하고, 좋은 음식을 먹고, 좋은 생각을 한다. 그 모든 것이 배 속의 아이에게 영향을 미친다는 것을 알기 때문이다. 우리에게 잠재의식이 있다. 비록 배 속의 아이처럼 보이지는 않지만, 분명히 존재하는 잠재의식이 있다. 태교를 하는 것처럼 내 관점을 변화시키자.

"강한 자만이 살아남는다", "세상은 1등만 기억한다" "학교와 회사 밖은 전쟁터이다"라는 사고방식이 만연한 세상에 살고 있다. 약육강식과 적자생존을 교육받았다. 당연시 생각해 왔다. 그러나 그 말이 사실일까. 그 말대로라면 당신은 현재 살아남았으니 강한 자이다. 그런가? 다른 사람들은 그래서 살아남지 못했던가? 당신이 기억하고 있는 1등을 세상이 똑같이 기억하고 있는 것 같은가. 정말로 세상이 전쟁터인가. 그 말들을 내 잠재의식이 믿음으로 굳게 새겨놓아서 그런 현실이 펼쳐진 건 아닐까. 당연한 것이 아닌데 당연하다고 잘못 믿어온 것이 아닐까. 가장 먼저 할 일은 "세상은 이렇다"라는 당연한 얘기가 진실인지 의심하는 거다.

세상이 정글이라고 생각하는 사람에게 정글이 펼쳐진다. 약육강식의 믿음에서 살면 예외 없이 현실은 약육강식의 세계를 끌어당겨온다. 그 세계관 안에서의 감정은 어떨까. 결국 같은 감정이 현실에 나타난다. 불안과 예민함을 잠재의식은 끌어당겨온다. 이 사실을 자각하자. 내가 믿는 세계관이 현실이 된다. 세상은 약육강식이 아니다. 이제 게임을 해보자. 당신은 이제부터 현실을 긍정적으로 보는 사람이다. 믿지 못하겠다면 그러는 척을 해도 좋다. 게임이 진행되면 시늉은 확신이 된다. 세상에 대한 부정성이 들려오거나 보이면, 반박하는 게임이다. 당신은 이 순간부터 그 긍정적인 현실을 보호하는 변호사이다. 부정적인 세계관들에 반박하라.

긍정적인 현실의 변호사 게임과 함께 하나의 놀이가 또 있다. 〈좋은 노트〉에 매일 하루 1가지씩 숨어 있는 것을 찾아내서 적는 거다. 세상이 얼마나 풍요롭고, 풍족한지에 대해 보물찾기를 하듯이 찾아서 적자. 비가 온다. 내리는 빗방울을 보고 '세상이 풍족하다'라고 적어도 좋다. 케이크를 사러 간 곳에 다양한 종류의 케이크가 있다. 그걸 보고 풍족하다고 적어도 좋다. 가게들이 많다. 그걸 적어도 좋다. 다른 규칙은 하나도 없다. 예외적인 경우도 없다. 제약도 없다. 우리는 그저 매일 얼마나 세상이 풍요롭고, 풍족한지 증명하듯이 찾아서 매일 적으면 그만이다. 이 증명이 쌓이면 긍정적인 현실의 변호사 게임도 더 즐거울 수 있다.

우리는 정말로 애써왔다. 세상이 얼마나 불공평하고, 부족하고, 경쟁적인지 보고 믿느라 애써왔다. 그저 여유로운 마음을 가지고 스스로가 넉넉하다고 믿으면 안 된다고 생각하느라 애써왔다. 잘되는 일은 당연하게 여기며 잊어버리고, 잘되지 않는 일에만 의식을 집중하느라 애썼다. 그 애쓰는 과정에서 느끼는 온갖 부정적인 감정들이 내 잠재의식에 어떻게 영향을 미쳤을까. 잠재의식이라는 '내 마음속의 아이'가 얼마나 공격을 받고 있다고 생각하며 아파했을까. 지독하게 중독적인 부정성을 끊어야 한다. 이 세상은 충분하다. 내가 행복하게 살 자원과 시간, 사람들이 충분하다. 이 세상이 풍요롭고, 넉넉하고, 풍족하다는 것을 매일 찾아내자.

내가 원하는 미래를 기대하기:
시각화와 확언

긍정적인 사람들은 긍정적인 사고방식이 습관이 되어 있다. 그 긍정적인 생각으로 긍정적인 감정을 유지하는 게 익숙한 사람이다. 자신에게 긍정적인 말을 하는 것도 자연스러운 사람들이다. 그들은 자신을 격려할 줄 알고 지나간 일에 미련을 가지는 대신에 미래를 긍정한다. 긍정적인 사람들은 시각화와 확언 방법을 배우지 않았어도 자연스럽게 실천하고 있다. 시각화와 확언의 방법을 배우고 실천하는 것보다 긍정적인 사람이 되는 걸 우선해보자.

'긍정적인 사람이 되는 것에 가까워지는 것'을 목표로 삼자. 시각화로 원하는 미래를 그리고 확언으로 자신에게 주문과도 같은 말을 하는 것. 이것은 작은 범위다. 내 생가의 폭이 넓다고 하더라도 시각화로 내 미래를 모두 건드릴 수는 없다. 내가 말로 미래에 대한 주문을 미리 하더라도 모든 것을 손댈 수 없다. 우리는 일상을 살아가기도 마음이 바쁘다. 그 외중에 모든 것을 통제하려는 태도는 자신에게 압박처럼 다가올 수 있다. 시각화와 확언이 숙제처럼 해야만 하는 의

무가 된다면 이뤄지지 않는다. 긍정적인 마음으로 살아가는 사람들이 일상을 어떤 태도로 대하는지 생각해보자. 관찰하자. 긍정적인 사람이 되는 것을 우선 큰 목표로 삼자.

긍정적인 사람이 되는 것을 목표로 하고, 시각화와 확언을 활용하자. 시각화와 확언을 묶은 이유는 원하는 미래를 만나는 방법이기 때문이다. 그리고 그 안에는 공통점이 있다. 상상으로 그리고 말을 통해서 원하는 미래를 만나고자 한다. 반드시 '생생한 감정'이 필요하다. 그저 상상하고 확언을 한다고 끌어당김의 법칙이 작용하지 않는다. 그 소원이 이루어진 미래를 만나는 순간의 감정을 지금 생생하게 느껴야 한다. 즐거움과 기쁜 마음을 느껴야 한다. 〈좋은 노트〉를 통해 하루의 마무리를 좋은 감정으로 바꾸는 과정을 습관화하자. 좋은 감정이 어떤 것인지 영양제를 먹듯 매일 반복하자. 바로 그 좋은 감정을 상상하기 확언에 필수요소이다.

'행동하기'도 공통으로 필요한 핵심요소이다. 평상시의 행동을 그대로 반복하면서 상상하기와 확언을 한다면 어떨까. 변화는 찾아오지 않는다. 행동은 우리의 몸을 통해서 실천된다. 일단 몸이 움직여야 행동이 되고, 실천된다. 몸은 생각과 감정을 담은 그릇과 같다. 현재의식과 잠재의식을 담고 있는 소중한 그릇이다. 우리는 그 그릇에 물을 채웠다. 상상하기와 확언으로 그리고 생생한 감정을 담은 물을 가득 채웠다. 내가 원하는 미래의 씨앗도 심었다. 그 씨앗이 싹을 틔워야 현실화된다. 그 씨앗에 물을 주는 과정으로 생각하자. 씨앗에 물을 주기 위해서는 움직여야 한다. 이전과 같은 행동을 하면 변화는 오지 않는다. 생각, 감정, 행동을 바꾸자.

결국에는 감정이다. 현실을 바꾸는 것은 현실을 느끼는 방식을 변화시키는 것이다. 긍정적으로 현실을 바라보는 태도도 결국은 현실을 좋은 감정으로 채우기 위한 것이다. 내 감정에 귀를 기울이는 것은 중요하다. 그 사실을 항상 기억하자. 감정에 집중하는 법을 연습해야 한다. 기분이 좋을 때를 습관적으로 자주 느끼며 적정한 지점을 유지하는 것을 목표로 하자. 내가 진정으로 행복할 때의 느끼는 감정을 자주 마음껏 음미하라. 그러면 미래를 상상하고, 말로 확언을 반복하면 그것은 반드시 현실이 된다. 이미 소원이 이뤄진 것처럼 편안한 마음으로 하자. 현재 그 소원은 이루어졌다. 편안한 태도로 지금 소원이 이뤄진 것처럼 시각화와 확언을 하자.

내면의 검열자에게 자리 내주지 말기:
결국 나를 검열한다

　우리는 마음을 열고 지금까지와는 다른 사고방식으로 살아가고자 하고 있다. 습관적으로 해왔던 생각의 방식을 모두 바꾸자고 결심했다. 마음을 열어 내 변화의 가능성을 받아들이는 거다. 잠재의식이 자신의 힘을 마음껏 발휘하도록 무대를 마련해주는 것과 같다. 나의 가능성을 믿어주는 거다. 그러나 우리는 독보적으로 혼자 앞서가려고 하는 마음을 먹어서는 안 된다. 타인의 가능성도 믿어주고 존중해주어야 한다. 이 생각이 없다면 우리는 내가 진정으로 원하는 것이 아닌 타인과의 경쟁에 집중하게 된다. 나의 행복이 타인보다 우월해지기 위한 것으로 되어서는 안 된다. 나의 의식이 옹졸하게 되는 것을 연습을 통해 벗어나야 한다.

　우리는 비교하고 분석하는 교육을 받아왔다. 오로지 나에게만 집중하라는 말보다 남을 경쟁 삼아 살아가라는 말을 자주 들었다. 우리는 항상 '그 누군가'보다 앞서야 했다. 혹은 뒤처지면 안 되었다. '그 누군가'는 고정된 사람이 아니다. 우리는 평생에 단 한 명의 경쟁자를 두고 살아가지 않는다. 매일 그 경쟁 대상자가 바뀐다. 어쩌면 그 저 시간마다 경쟁 대상자가 바뀌기도 한다. 지나가는 사람이나 미디어 속의 사람이 경쟁자가 되기도 한다. 우리는 그 경쟁자에게 좋은 마음을 가지고 있지 않다. 우리의 옹졸한(습관화된) 생각이 자꾸만 내가 아닌 남을 보게 만든다. 그러나 남을 보아서는 변화가 생기지 않는다. 나를 보아야 변화가 시작된다.

비교하고 분석하며, 상대를 검열한다. 우리는 늘 자기 기준으로만 상대를 본다. 나에게 친절하고 너그럽게 굴면 좋은 사람이다. 나에게 모진 말을 하며 상처 주면 나쁜 사람이다. 그러나 그 사람은 좋은 사람도 아니고 나쁜 사람도 아니다. 우리 자신이 남에게 좋은 사람이었다가 나쁜 사람이기를 반복하는 것과 같다. 남을 평가하고 분석하는 태도는 어디에 있는가. 하늘에서 뚝 떨어진 생각이 아니다. 나의 내면에 비판자 혹은 검열자를 심어놓은 것이다. 그 비판과 검열을 담당하는 부분이 과연 남만을 그렇게 평가할까. 절대 아니다. 남을 평가하고 분석하는 만큼 나를 평가하고 분석한다. 평가와 판단은 결국 내 잠재의식에 심는 독이 든 씨앗이다.

내면의 비판자 혹은 검열자는 처음에는 남을 검열한다. 그러나 결국에는 나를 비판하고 검열하게 된다. 우리는 깨달음을 얻은 성인군자(聖人君子)가 아니다. 우리가 하는 분석과 검열은 절대적으로 완벽한 것도 아니다. 우리의 검열을 100명에게 말하면 적어도 50명의 사람은 반박할 것이다. 당신은 그 100명을 모두 설득할 정도로 완벽한 판단 기준을 가지고 있지 않다. 겸손해져야 한다. 당신의 판단은 좁다. 세상과 그 세상 안에 사는 사람들을 넣을 수 없다. 좋고/나쁨, 옳고/그름으로 세상을 이분법적으로 보는 생각의 방식에서 벗어나라. 내 좁은 판단능력으로 삶을 평가하지 말자. 판단하고 평가하는 데 내 귀한 잠재의식의 힘을 쓰지 말자.

남을 평가하고, 판단하고, 검열하는 만큼 스스로를 평가, 판단, 검열한다고 생각하자. 판단하고 검열하는 사고방식이 습관화되면 우리는 행동에 제약을 걸기 시작할 거다. 그러나 끌어당김의 법칙을 사용할 때 행동은 반드시 필요하다. 여기서 충돌이 생긴다. 변화를 위해 나아가려는 마음과 그걸 방해하고 붙잡는 평가자가 부딪힌다. 그러면 당연히 변화는 더디게 나타난다. 차라리 그 시간에 나를 되돌아보았으면 되는데 이도저도 아닌 제자리걸음이 되는 셈이다. 마음을 열어라. 오디션 심사위원처럼 남을 판단하지도 평가하지도 하지 말자. 나를 봐야 한다. 그렇게 남 볼 시간에 나에게 더 집중해야 한다. 판단하는 옹졸한 마음에서 벗어나자.

불평을 하면, 더한 현실이 끌어당겨 온다: "뭐 그럴 수도 있지"

불평과 불만을 하면, 끌어당김의 법칙은 불평할 것이 가득할 현실을 나에게 보여준다. 불평은 판단하고 평가하는 마음처럼 나의 내면을 옹졸하게 만든다. 나에게 오는 좋은 것들을 막는 강력한 주문이 불평이라고 생각하면 된다. 내 인생이 좋아질까 두려우면 불평을 입에 달고 살면 된다. 불평은 내 인생의 다양한 경험의 폭을 좁고 작게 만든다. 불평이 많은 사람은 자기 주관이 뚜렷한 사람이 아니다. 오히려 제한된 사고방식을 가진 사람이다.

날씨에 대한 불평, 교통체증에 대한 불평, 음식에 대한 불평, 도시 소음에 대한 불평 등등. 일상 안에서의 불평은 끝도 없다. 시각화와 확언의 힘을 알고 있는 우리다. 말로 하는 불평과 생각으로 하는 불평 둘 다 해롭다. 바닥에 떨어져서 개미가 꼬인 사탕을 입에 넣는 것과 같다. 불평의 익숙한 달콤함이다. 그러나 당신은 온갖 오물이 뒤범벅된 바닥에 버려진 사탕을 핥아먹는 거다. 불평하는 것은 그것과 다를 바 없다. 불평할 때마다 그 사탕을 핥아먹는다고 상상하라. 당신이 정말 끔찍하게 싫어하거나 두려워하는 것이 있을 거다. 불평과 불만이 떠오르거나 입 밖으로 나올 때 그 이미지를 연상하자. 잠재의식은 그 이미지를 끌어올 거다.

다른 사람을 판단하고 평가하는 마음이 습관화되면 자연스럽게 불평으로 이어진다. "저 사람은 저러저러해. 저런 사람이야. 나랑 안 맞아"라는 식으로 선을 그어버린다. 그 사람이 당신의 삶을 더 업그레이드시켜줄 인연일 수도 있었다. 그러나 당신이 밀어낸 거다. 사람에 대한 불평은 우선 판단하지 않는 마음을 가져야 한다. 그리고 "저 사람이 정말로 잘 되었으면 좋겠어"라고 말하자. 마음을 담지 않아도 괜찮다. 대신 이 말을 최소 10번은 반복하자. 내가 유독 거부감이 드는 사람 있으면 그 사람을 대상으로 반복하자. 당신은 똑같은 행동을 했음에도 상대가 나에게 대하는 태도가 달라지는 걸 알 수 있다. 선한 마음의 힘을 믿어보자.

"뭐 그럴 수도 있지." 매일 이렇게 말하라. 그냥 습관적으로 이 말을 반복하라. 어떤 이야기를 들을 때마다 "뭐 그럴 수도 있지"라고 말하라. 미디어에서 온갖 부정적인 뉴스가 나온다. 그때도 당신은 말해야 한다. "뭐 그럴 수도 있지." 길을 가다가 어떤 것을 목격한다. '아니 저 사람은 도대체 왜 저렇게 남에게 피해를 주는 거지.' 생각이 든다. 그때도 저 말을 하라. 세상에 대해 너그러운 마음을 가지자. 나의 자유를 존중받는 만큼 다른 사람의 자유를 존중해줘라. "저 사람이 정말 잘 되었으면 좋겠어"라는 선한 마음씨가 담긴 말이 힘들 수 있다. 그때는 "뭐 그럴 수도 있지"로 대신하라. 그리고 이 말은 사실이다. 정말로 그럴 수도 있다.

끌어당김의 법칙을 실천할수록 좋은 것들이 나에게 다가온다. 불평으로 그 좋은 것들을 발로 걷어 차버리는 실수를 하지 말자. 그렇다고 자신의 불평에 너무 화내지 말자. 평생 가져온 습관을 하루아침에 고치라고 혼내지 말자. 불평하는 마음은 두려워하는 마음을 숨기려는 나의 방어기제일 수도 있다. 더욱더 나에게 너그러워지자. 나약해도 괜찮다고 안아주자. 변화가 두려운 것은 당연한 일이라고 인정해주자. 다만 변화가 두렵다고 바닥에 떨어진 사탕까지 주워 먹지는 말자는 의미다. 자책하지 말고 지금부터 불평에서 벗어나 보자. 불평을 또 할 수 있다. 그러나 "그럴 수도 있다." 자신을 상냥하게 대하면서 불평하는 습관을 바꿔보자.

후회 대신 나를 안아주기:
"덕분에 내가 여기까지 왔어"

　자신을 과대평가하고 과소평가하는 것 중, 반드시 선택해야 한다고 해보자. 어쨌든 둘 중 하나라면 '과대평가'를 하는 게 좋다. 그러나 우리는 말도 안 되는 부분에서 자신을 과대평가한다. 바로 과거를 되돌아볼 때이다. 그 시간으로 되돌아가면 다른 선택을 했을 거라고 자신을 '과대평가'한다. 말도 안 되는 소리다. 우리는 과거의 경험 끝에 여기에 와 있다. 과거의 선택들로 지금 여기 이 순간에 놓여 있다. 과거로 되돌아갔어도 똑같을 것이다. 우리는 그때와 똑같은 선택을 했을 거다. 같은 선택을 해서 같은 현재에 와 있었을 거다.

　과거가 후회스러울 때마다 자신에게 말하라. "어차피 되돌아갔어도 똑같아." 이 말은 사실이다. 계속 자신에게 그 말을 반복하여, 누군가가 과거가 후회되지 않냐고 물으면 대답하자. "그때의 나로 돌아간다고 하더라도 같은 선택 했을 거야"라고 덤덤하게 말하라. 나의 내면에서 자꾸만 후회라는 감정이 솟아날 때마다 반복하자. 확언에 감정을 담으면 현실이 된다. 우선 말을 반복하다 보면 그 반복이 어느 순간 확신에 찰 수 있다. 그러면 그 말은 현실이 된다. 당신은 정말로 그때로 돌아가도 같은 선택을 할 사람이 된다. 후회할 이유가 없지 않은가. 현재에서 미래를 상상하면 현실이 된다. 그러나 현재에서 과거를 되감기해도 변하는 건 없다.

예전에 재생되었던 과거의 비디오는 굳이 꺼내서 보지 말자. 앞으로 재미있는 순간들로 가득할 미래의 비디오들이 쌓여 있다. 미련이 남는다는 것을 이해한다. 사람마다 후회의 강도도 다 다르니 당신이 얼마나 가슴 치고 있을지 짐작조차 되지 않는다. 그러나 내 가슴을 칠수록 멍드는 것은 내 가슴이다. 과거를 후회하는 것만큼 지독한 자기 학대는 없다. 내 가슴 멍들게 그만 치자. 그리고 나만 그런 게 아니라는 걸 받아들이자. '나만 그런 게 아니야. 인간은 누구나 과거를 후회해'라고 자신을 포용해주자. 우리가 마음이 연약해서 과거를 후회하는 게 아니다. 누구나 과거를 후회한다. 그러니 괜찮다.

미래의 일을 현재 생생하게 느껴서 끌어당겨 오는 것이 시각화이다. 자, 우리는 이제 과거도 시각화를 해보자. 미래의 일처럼 생생하게 그릴 필요는 없다. 후회로 가득한 어떤 순간이 떠오른다. 그러면 자신에게 이렇게 말하라. "맞아. 그때 진짜 좋았어. 진짜 즐거웠어"라고 과거를 긍정하라. 어떤 선택의 순간이 있었더라고 하너라도 말하자. "진짜 좋았어. 내가 선택 하나는 진짜 잘했었어"라고 똑같이 긍정하라. 후회라는 것은 해소되지 못하는 감정이다. 잠재의식이 놓아주지 못하는 미련 가득한 감정이다. 그러면 말해주면 된다. 정말로 좋았던 기억이었다고 말해주자. 진짜 선택 너무 잘했었다고, 다행이었다고 말해주자.

상처받은 기억이 있다. 그 기억을 '상처'로 평가해서 잠재의식에 넣어준 것은 나다. 그렇게 분류해서 넣어주지 말자. 앞에서 '판단하지 않고, 평가하지 말자'고 결심한 우리다. 나빴던 기억, 아픈 기억이 떠오르면 "그때 진짜 좋았었단 말이야"라는 말로 마무리를 짓자. 깊이 들어가지 말자. 계속 되풀이하면서 내 가슴을 칠 이유는 없다. 당신이 여기까지 온 것에는 이유가 있다. 그리고 여기까지 오기 위해서는 그 속상한 기억을 어쩔 수 없이 지나와야만 했다. 내 가슴을 토닥여주자. 가슴에 뭉쳐 있는 응어리가 풀리게 가슴을 몇 번 쳐주자. 그리고 "그래도 여기까지 온 거 기특해"라고 진심으로 말해주자. 여기까지 온 당신이 대단한 건 사실이다.

무슨 일이 생겨도 항상 내 편을 들기:
"뭐, 어쩌라고"

내 인생의 구원자는 나 자신이다. 일상을 살면서 나를 지켜주고, 보듬어줄 사람은 나밖에 없다. 서러워서 아기처럼 운다고 누군가 나타나서 안아주지 않는다. 힘들어할 때마다 위로의 말로 안아주는 사람도 없다. 안타깝지만 우린 모두 저마다의 인생을 사느라 너무 바쁘다. 자신을 돌보기에도 벅차다. 연인 혹은 부부 역시 마찬가지다. 그는 내 삶의 동행자이지 날 책임져야 할 사람이 아니다. 나를 지키고, 책임지는 것은 오로지 나만이 할 수 있는 일이다. 내가 나의 부모가 되고, 친구가 되고, 연인이 되고, 동반자가 되어야 한다. 내 감정과 생각을 책임지고, 그 생각과 감정을 담는 그릇인 내 육체를 책임져야 한다.

누군가 나를 공격한다면 구원자가 나타나서 방어해주고, 지켜주고 공격해주길 기다리지 말자. 누군가 공격을 하면 같은 공격을 하자. 선한 마음은 중요하다. 그러나 지금의 우리는 일단 자신을 지키는 게 익숙해져야 한다. 동물들도 자신의 영역에 침입자가 나타나면 대응한다. 우리도 그래야 한다. 우리의 마음과 자존감의 영역에 침입자가 나타나면 대응해야 한다. '그래서, 뭐 어쩌라고'라는 마음의 태도를 기억하라. 당신은 변화하고자 한다. 그 변화를 위한 선택에 해명을 뜬금없이 요구하는 사람이 등장한다. 자신을 설득해보라는 사람도 등장한다. 항상 저 마음의 태도를 기억하자. "뭐, 어쩌라고." 당신은 위축될 이유가 전혀 없다.

떳떳해져라. 의기소침하고 위축되었던 옹졸한 마음의 태도를 이제 놓아주자. 그와 반대되는 마음의 태도를 심어서 나를 지키는 데 최선을 다하라. 싸움을 부추기는 것이 아니다. 오히려 싸움이 다가오려는 걸 방어하는 태도다. 처음에 "뭐, 어쩌라고"의 태도를 가지면 어색하다. 자신이 몹시 무례한 사람이 된 것 같기도 하다. 그러나 그 말을 내뱉고 다니라는 의미가 아니다. 아무한테나 뿌리고 다니라는 말이 아니다. 그 말을 마음에 갑옷처럼 장착하고 있으라는 의미다. 그 말의 태도를 새겨놓으라는 의미다. 타인의 말과 행동, 태도에 동요되지 않고 자신의 편에 서서 나를 지키라는 의미다. "뭐, 어쩌라고." 말하며 항상 자신의 편에 서는 연습을 하라.

당신은 배려심 많고, 선한 사람이다. 그러나 그 배려가 지나쳐서 자신을 낮춰왔다. 타인보다 자신이 낮은 사람이라고 착각해왔다. 낮춰져서 바닥을 기고 있던 나를 일으켜 세워주자. 타인을 선망하지 말고, 존경하지도 말자. 어차피 다 똑같은 사람이라는 마음으로 당당해져라. 타인의 조언 섞인 말과 행동들에 흔들릴 필요가 없다. 어차피 우린 똑같은 사람이다. 그는 부처나 예수, 공자 같은 성인(聖人)이 아니다. 나와 똑같이 외로워하고 두려워하는 사람이다. 절대로 나 자신을 낮추지 말자. 그리고 무슨 일이 있어도 항상 내 편에 서서 나를 지켜라.

혼자 사는 인생이 아니다. 내 삶에는 항상 '타인'이 존재한다. 나를 귀하게 여겨주는 '타인'은 소중히 여기고, 나를 함부로 대하는 '타인'은 밀어내라. 가능하다면 인연을 끊어라. 연을 끊어내는 선택권은 당신에게 있다. 논리와 조언을 가장하여 당신에게 무례하게 대하는 사람이 있으면 침묵을 유지하라. 함께 맞대응할 필요는 없다. 무례한 사람에게는 무안함으로 현명하게 대처하라. 그리고 속으로 '뭐, 어쩌라고' 생각하며 자신을 보호하라. 선하고, 상냥하며 배려심 많은 당신이 자신을 아끼길 바란다. 자신을 그만 낮추길 바란다. 나를 탓하는 대신에 항상 자신의 편에 서길 바란다. 나를 알아가는 이 여행길에서 부디 타인에게 덜 휘둘리길 바란다.

언제나 매력적인 당신:
매력적인 사람이 된다

우리는 단 한 번의 동화 같은 순간을 꿈꾼다. '내 삶을 바꾼 단 한 편의 영화' '내 인생을 바꿔준 단 한 권의 책' "이것만 먹었는데 10kg이 빠졌다" "이 동작 하나만 했는데 살이 빠졌다" "감사합니다만을 반복했는데 내 삶이 극적으로 변했다" 등. 단 하나의 어떤 것을 통해 인생이 완전히 바뀌는 스토리를 익숙하게 들어왔다. 사실 하나의 그 어떤 것이라도 하더라도 '얼마나 치열하게' '얼마나 꾸준히' 했는가에 대한 내용은 생략되었다. 나와 인생을 바꾸는 변화의 길에서 단 한 번에 이뤄지는 기적은 없다. 우리는 그저 꾸준히 끝까지 해내야 할 뿐이다.

끌어당김의 법칙과 잠재의식 힘을 알고 바로 자신이 원하는 것을 성취해낸 사람들이 있다. 그러나 그 사람들은 우리와 다르다고 생각하자. 비교하지 말자. 왜 나는 그들과 다르게 이렇게 소원이 달성되는 과정이 더딘지 재촉하지 말자. 긍정적으로 생각하는 것이 익숙해진 사람들은 감정 상태도 긍정적이다. 잠재의식이 좋은 감정에 익숙해서 바라는 것이 쉽게 다가온다. 긍정적인 사람들은 자신이 살아온 삶에서 '긍정적으로 살기 위해 노력'해왔다. 우리는 그런 노력을 해오지 못했다. 그러므로 왜 나는 소원이 이렇게 이뤄지지 않는지 조급해하지 말자.

꾸준하게 내가 해온 습관에서 벗어나기 위해 노력하자. 새로운 습관을 길들이는 데 최선을 다하자. 부정적으로 생각해온 게 익숙한 사람이면 긍정적인 사고방식을 갖기 위해 최선을 다하자. 바뀔 수 있다. 어둡게 가라앉은 감정이 익숙했다면 밝고 즐거운 감정을 많이 느끼게 연습하자. 감정은 연습으로 변할 수 있다. 내 행동 범위가 한정적이고 좁은 반경에서 머물렀다면 넓혀보자. 안 해본 일을 하며 자신의 가능성에 제한을 걸지 말자. 내가 원하는 현실을 만나기 전에 항상 생각, 감정, 행동을 바꿔야 한다는 걸 늘 기억하자. 그리고 조급해하지 말자.

기적의 순간을 믿고 기대하는 것은 좋다. 그러나 단 한 번에 이뤄지는 이야기는 동화라고 처음부터 마음을 비우자. 그것처럼 '단 한 번'이라는 단어에 집중하지 말자. 내가 나아갈 길이 단 하나라고 자신을 제한하지 말자. 그리고 선택했던 길이 내가 원하는 결과와 다를지라도 자책하거나 후회하지 말자. 길을 나양하게 겪은 사람일수록 매력적인 사람이 된다. 그 매력이 훗날 당신을 어떻게 빛나게 해줄지 모를 일이다. 미래를 좋은 쪽으로 상상하는 것은 좋지만 기억하자. 모든 경우를 상상하고 내 생각 범위 안에 넣을 수는 없다. 그래서 끌어당김의 법칙을 그저 믿고 따르는 게 중요하다. 내가 원하는 것을 이루는 데에는 수많은 길이 있다.

　인생 역전한 사람들의 이야기가 들려온다. 그 사람들이 그 인생역전이라는 상황을 겪기까지 살아온 나날들을 외면하지 말자. 그들은 다양한 길을 열어두고, 믿었기에 그 기적을 만난 것이다. 나에게도 어떤 기적이 다가올지 모른다. 기적을 기대하면서 초조해하거나 조급해하지 말고 최선을 다해 살아보자. '부정성'을 하나의 게으름으로 보자. 부정적인 세계에 갇혀 있으면 변화하기 위해 이를 악물고, 울고 불며 노력하지 않아도 된다. 그러나 게으름에 머문 만큼 나의 세상은 늘 같을 것이다. 끌어당김의 법칙을 믿자. 수없이 많은 길이 나에게 놓일 것이고 그 길들이 나에게 좋은 것이라고 확신하자. 내가 바라는 행복한 현실은 이뤄질 수 있다.

날개뼈를 펼치고,
양 입꼬리 올리기

　감정의 많은 부분이 슬픔에 잠겼을 때 숨지 말고 밖으로 나가자. 숨어 있으면 아무것도 해결되지 않는다. 천천히 걸으면서 얼마나 다양한 사람들이 다채롭게 사는지를 보자. 시야를 넓히자. 몸을 움직여보자. 생각을 멈추고 내 감각에만 집중해보자. 이 세상에서 할 수 있는 일은 무궁무진하다. 내가 살 인생의 방식도 단 한 가지가 아니다. 자신에게 너그러워지고 느리게 간다고 재촉하지 않길 바란다.

　남들에게 쉬워 보이는 일이 어려울 수도 있다. 그런 순간에 좌절하는 대신 자신을 격려해주자. 나는 남과의 비교를 통해 존재하는 사람이 아니다. 남과의 비교 없어도 굳건하게 존재하는 법을 배우자. 어제 마음을 굳게 먹고 해냈던 삶의 변화를 위한 습관들을 오늘도 해내자. 내 감정을 높여보고, 좋은 것과 풍족한 것에 시선을 돌려보자. 내가 머무는 곳을 깨끗하게 청소하고 나를 손님처럼 대해보자. 처음부터 잘하는 사람은 없다. 연습하는 과정이다. 완벽할 필요는 없다. 꾸준하게 나아가보자. 끝만 보고 가는 게 아닌 꾸준함의 그 과정마저도 천천히 즐겨보자.

너무 힘들 때는 입꼬리를 위로 올려보자. 그 작은 근육을 올리는데 엄청난 힘이 들지도 모른다. 그러나 마음이 슬플 때 다른 것은 하지 말고 입꼬리만 위로 올리자. 그리고 어깨를 펴자. 굽은 어깨와 등으로 몸을 작게 만들며 살아온 건 이해한다. 눈에 띄고 싶지 않았고 그렇게 해서라도 자신을 보호하고 싶었을 거다. 그러나 사람들은 상냥하고 세상은 너그럽다. 이제 그만 웅크려도 괜찮다. 그만 움츠려들어도 괜찮다. 입꼬리도 올리고 싶지 않고, 어깨도 펴고 싶지 않다면 그래도 괜찮다. 대신 가슴 정중앙을 하늘 끌어올린다는 생각으로 열어보자.

아무것도 바라는 게 없을 수도 있다. 무엇인가 바라는 것 자체가 사치스러운 감정일 정도로 지쳐 있을 수도 있다. 행복이라는 목적지가 거창하게 느껴질 수 있다. 나를 변화시키고 인생을 변화시키는 여정이 너무 멀어 보인다. 쉽지 않다는 걸 알고 있다. 그래서 도저히 걸음을 내딛을 수 없을 수 있다. 그래도 괜찮다. 그저 '편안한 상태'를 마음먹어보자. 편안한 상태에 머물며 가슴을 하늘을 향해 내민 것을 목표로 삼자. 거창할 필요도 없고 엄청난 것일 필요도 없다. 어떤 경우가 생기더라도 당신이 자신의 손을 놓지 않길 바란다. 용기를 내자.

비가 쏟아지는 날 손 세차를 하는 사람을 본 적 있다. 아마 날씨를 예상하지 못했을 거다. 혹은 비가 와도 상관이 없다는 식일 수도 있다. 그러나 무슨 상관일까. 그럴 수도 있는 법이다. 인생에 지쳐 있다면 그런 식으로 초연하게 사는 것도 나쁘지 않다. 비가 온들 내가 손

세차를 하고 싶으니 하며 살아도 괜찮다. 손 세차가 끝나고 깨끗해지자마자 비를 맞아도 괜찮다. 그런 날도 있는 법이고, 그런 경우도 있는 법이다. 후회와 슬픔으로 가득한 인생이어도 괜찮다. 훗날 아픔을 지난 후에 당신은 그 시간을 덤덤하게 바라볼 날을 만날 수 있다. 넘어졌다면 이제 일어나면 된다고 생각하고 다시 시작해보자. 나에게 기회를 주자. 그렇게 마음을 열자.

끌려다니고, 휘둘려지고, 뒤흔들려지고, 휘저어지고, 새어나가고,

눈동자의 생기를 잃고,

고유한 나의 빛과 체취를 감추고,

수치스러워하고,

나의 색을 기꺼이 빼앗겨서 흐릿해지고,

자신을 보이고 싶지 않아 그늘 속으로 뒷걸음질하고,

스스로를 지키려고 했던 가면들이 겹겹이 쌓여서,

오히려 자신까지 속이게 되고,

그런 가면들에 천천히 숨이 막혀가고,

가면들에 나를 잃고, 가면극에 짓눌리고,

나를 놓치고,

자신을 규정짓는 것들에 스스로를 망각하고,

그에 절망하고, 아파하고, 외로워하고, 슬퍼하고, 몸부림치고,

너무 많은 상처를 받아서,

숨어버리고, 뒤로 물러나고, 웅크리며, 답답함에 호흡이 점점 짧아

진 채로,

힘겹게 버티며 살아가고 살아온, 그런, 당신.
살아감에 지친.

이 세상의 유일무이한 당신이.
그럼에도 불구하고,

그 어떤 것으로도 대체할 수 없는 고유한,
당신만이 가지고 있는 유일한 것들로
오늘도 할 수 있는 만큼 최선을 다해 살아가고 살아왔던,
놀라운, 당신이.

이제는 모든 것이 충분하다고 자신에게 조금 더 너그러워지기를.
웅크리며 살아가느라 말려진 날개뼈를 활짝 열 수 있기를.
지금까지 정답이라고 믿었던 삶의 방식과 진실을 용기를 내서,
놓아주고, 떠나보내서,
구멍투성이가 된 마음을 보듬어주고,

용서해주고,

마음이 새어나가지 않게 귀한 자신을 끌어안아서

색과 빛을 되찾고,

고유한 개성들에 떳떳해져서,

한 번뿐인 이 삶 안에서

가면을 벗어던지고,

자신을 마음껏 드러내고, 받아들이고, 뽐내고, 펼쳐 보이기를.

이제는 그 어떤 것도 새어나가지 않게 자기 자신을 지킬 수 있기를.

사랑받기 위해 애쓰지 말고, 매 순간과 그 순간 안의 자신을 사랑할

수 있기를.

연약하지만 선하고, 겸손하고, 상냥한 당신이

스스로가 있는 그대로 충분하고,

근사한 존재라는 것을 다시 깨달을 수 있기를.

그렇게,

다시 고개를 들고,

살아갈 수 있기를.

사랑스러운 당신이 언제나, 어디에서나 반짝이기를.